»Waldkirche‹

Geschichte
eines geheimen christlichen
Sommerkamps

D1670758

Verlag Friedensstimme Gummersbach

Aufgrund der Dokumente des Missionswerkes Friedensstimme verfaßt von Margarete Schmidt unter Mitwirkung von Eduard Ewert

Umschlag: Friedrich Haubner

Copyright 1989: Missionswerk Friedensstimme, Gummersbach
Satz: Verlag Friedensstimme
D-5270 Gummersbach
Druck: St.-Johannes-Druckerei, Lahr

ISBN 3-88503-019-5

Inhaltsverzeichnis

Vorwort   5

Eine wunderbare Bewahrung   7

Die »Waldkirche« 10

Aufnahme in die »Waldkirche« 20

Einige Streiche und ihre Folgen 26

Nächtliche Ruhestörer 32

Die Küche 38

Eine Reise nach »Jerusalem« 44

Gezuckerte Kondensmilch 57

Tanja 63

Erntefest in der Waldkirche 71

Abschiedsfeuer 81

Vorbereitung für das Kinderfest 85

Warten auf den Bus 90

Eine abenteuerliche Fahrt nach Rostow 95

Das Kinderfest 98

Einige Jahre später 103

Zwei Brautpaare im Straflager 110

Liebe Kinder,

Was kann im Schuljahr besser sein als Ferien? Die Schüler in der Sowjetunion haben aber ihre Ferien anders als ihr in Deutschland. Bei uns gibt es Weihnachts-, Oster-, Pfingst- und Herbstferien und noch einige schulfreie Tage dazu, weil es irgendwelche Feste gibt. Eure Altersgenossen in der Sowjetunion haben während des Schuljahrs nicht so viele Feiertage. Dafür dauern ihre Sommerferien länger: nämlich drei Monate. Das ist auch nicht schlecht. Aber wie beschäftigt man sich den ganzen Sommer über, damit es nicht zu langweilig wird? Natürlich, wenn der Vater zu Hause ist, dann unternimmt er manches mit den Jungen. Ob er sie mit an seine Arbeitsstelle nimmt oder eine Freizeit organisiert — mit dem Vater ist es immer toll. Aber bei vielen Kindern waren die Väter nicht zu Hause. Manche befanden sich wegen ihrer Predigt von Jesus Christus in Haft, andere wurden von der Miliz (die sowjetische Polizei) gesucht, weil sie am geheimen Drucken und Verbreiten von Bibeln teilnahmen oder Gemeindebesuche machten, was streng verboten ist. Kinder aus solchen Familien konnten sich nicht so recht über den Sommer freuen. Wohl spielten sie mit den Nachbarskindern zusammen, aber plötzlich hörten sie von jemandem ein halbspöttisches: »He du, Sohn eines Knacki...« und schon war es mit dem Spielen aus. Besonders traurig-nachdenklich wurden sie, wenn es Abend wurde und alle anderen Väter von der Arbeit heimkehrten...

Eine Frau namens Galina Rytikowa hatte ein großes Herz. Ihre zehn Kinder würden wohl sagen, daß sie die liebevollste Mutter der Welt sei. Und in der Tat, in Galinas Herz war ein tiefes Mitleid für alle verwaiste Kinder. Vielleicht war es deswegen, weil auch ihr Mann Pawel viele Jahre in Haft war. Einmal kam Galina mit noch anderen zusammen auf eine Idee: die ohne Väter gebliebenen Kinder in den Ferien zu sammeln und mit ihnen eine geheime Freizeit auf ungewöhnliche Art durchzuführen. Zwar hatte man dabei mit mancherlei Schwierigkeiten und Gefahren zu rechnen, aber die Gläubigen aus den nichtregistrierten Gemeinden stimmten zu und trugen die Mittel für dieses Vorhaben zusammen.

Anfänglich kamen nur wenige Kinder. Als aber Galinas Mann Pawel aus der Haft entlassen wurde, wurde ihm von der Leitung der Bruderschaft die Durchführung der Kinderfreizeiten anvertraut.

Und von Jahr zu Jahr kamen immer mehr Kinder. Die Freizeit, von der in diesem Buch erzählt wird, fand im Sommer 1977 statt und dauerte zwei Monate; damals nahmen schon ca. 60 Kinder im Alter von 10-15 Jahren teil.

Inzwischen führen viele Gemeinden Kinderlager mit etwas unterschiedlichen Programmen durch, die meistens 1-2 Wochen dauern und bei denen oft mehrere hundert Kinder anwesend sind. Im Sommer 1985 beispielsweise wurde bei Rostow am Don eine Freizeit, an der 300 Kinder teilnahmen, von der Miliz aufgelöst.

Eine wunderbare Bewahrung

»Hallo, Jungs! Wer möchte mitkommen, Brombeeren pflük-
ken?« rief Igor seinen Freunden zu, als er sich wieder auf der Wiese
befand, wo die Jungen Ball spielten. »Ich habe im Wald eine Stelle
gefunden, wo es eine Unmenge davon gibt!« — »Wo ist die?«
schrien die Ballspieler. Der Ball war noch in der Luft, aber schon
war niemand mehr da, um ihn aufzufangen. Igor zeigte den herbei-
gelaufenen Jungen die auf seiner Hand liegenden großen, dunkel-
blauen Beeren. »Die habe ich für Onkel Pawel gepflückt«, sagte er.
»Wo ist er? Ich sage ihm dann gleich auch Bescheid, daß wir alle zu
der Stelle gehen.« Die Erregung glänzte in den Augen der Jungen.

»Nun, dann bring diese Beeren schnell zu Onkel Pawel, er sitzt bei
einem Busch und liest. Und dann zeig uns die Stelle!« trieben sie Igor
ungeduldig an.

Onkel Pawel lächelte, als er Igors von den Brombeeren blaugefär-
färbte Lippen, Wangen und Kinn sah. Er bedankte sich für die Beeren und fügte hinzu: »Bleibt aber nicht zu lange, wir müssen bald
wieder über den Fluß zurück zum Lager.« — »Ja!« rief Igor, die
letzten Worte Onkel Pawels vernahm er schon nicht mehr.

Nur kurz hörte Onkel Pawel das Geknister der Ästchen und schon
war wieder alles still. Er schloß die Augen und überdachte den verflossenen Tag. Heute hatte er nur die Jungen zur Wanderung mitge-
nommen und es hatte sich manch gutes Gespräch mit ihnen ergeben.
Er freute sich von Herzen, daß die Jungen so willig waren, die Geschichten der Bibel in sich aufzunehmen und auch danach zu leben.
Wie es wohl den Gruppenleiterinnen mit den Mädchen ergangen
sein mag? Ob sie auch so einen guten Tag gehabt haben?

Mitten in seine Gedanken hinein hörte Onkel Pawel plötzlich Motorengeräusche näherkommen. Neugierig schaute er durch die Bäume — und im nächsten Augenblick stockte sein Herz: fünf Milizautos fuhren auf den freien Platz. Dort blieben sie stehen, Türen
klappten und zwanzig Milizbeamte sprangen heraus. Verdutzt blieben sie stehen und schauten sich um. »Da stimmt doch etwas nicht!
Man hat uns doch angerufen, daß Baptistenkinder hier seien!« rief
einer.

»Wo können sie nur geblieben sein? Sofort auf die Suche gehen!«
befahl ein Offizier und die Milizbeamten zerstreuten sich.

Die Autos bleiben auf der Lichtung stehen, Türen klappern, Miliz-
beamten springen heraus...

Onkel Pawel bewegte sich nicht. Er hoffte inständig, daß er nicht
entdeckt würde, und betete still: »Herr, bewahre die Kinder! Laß es
nicht zu, daß sie gefunden werden!«

Nach einigen Minuten kamen die Milizionäre zurück. »Man hat
uns falsch informiert. Hier können keine Kinder gewesen sein, sonst
hätten wir wenigstens einige von ihnen gesehen. Laßt uns zurück-
fahren!« sagte der Offizier. Sie stiegen in die Autos, und wenige Minuten später herrschte wieder Ruhe im Wald.

Onkel Pawel rührte sich noch immer nicht von der Stelle. Er wußte wohl, was geschehen wäre, wenn die Milizbeamten die Jungen gefunden hätten. Diese dann wieder aus ihren Händen zurückzube-
kommen hätte die Mütter viel Mühe gekostet. Zudem suchte die Ge-
heimpolizei gierig nach solchen Möglichkeiten, aus den Kindern
mehr Informationen herauszuquetschen. Er dankte Gott, daß er die
Augen der Milizionäre unsehend gemacht hatte.

Aus seinem tiefen Nachdenken wurde Onkel Pawel durch die
Stimmen der Jungen herausgerissen. Sie waren sehr aufgeregt und
begannen alle gleichzeitig über ihre Erlebnisse zu berichten, wobei
sie einander ins Wort fielen: »Onkel Pawel, haben Sie die Miliz gese-

hen?« — »Die Milizionäre waren ganz nahe an uns vorbeigekommen und wir wurden still wie die Mäuschen.« — »Ha, die hätten uns vielleicht auch gefunden, aber da waren so viele Mücken, daß die Milizionäre alle Lust verloren, uns noch weiter zu suchen. Jetzt weiß ich, wozu Gott die Mücken geschaffen hat!« — »Aber einer schaute genau in meine Richtung. Ich hatte mich zwar hinter einem Busch versteckt, doch ich konnte ihn gut sehen — er mich aber nicht. Warum, Onkel Pawel, konnte das so sein? Haben Sie für uns gebetet?«

»Ja, Jungs, ich habe gebetet, während ihr gesucht wurdet,« antwortete Onkel Pawel. »Wir haben eine wunderbare göttliche Bewahrung erfahren. Jetzt aber müssen wir sofort zu unserem Lagerplatz zurück und dürfen diesen Ort nicht wieder aufsuchen! Jemand muß uns hier gesehen und die Miliz informiert haben.«

Die Jungen sammelten ihre Sachen zusammen und wanderten fröhlich zum Freizeitlager zurück.

Der Ort aber blieb nicht lange leer. Kaum waren die angeregten Kinderstimmen verklungen, da hörte man plötzlich wieder sich nähernde Motorengeräusche. Eins nach dem anderen erschienen dieselben Milizautos wieder auf der Wiese. Erneut stiegen die Milizbeamten aus und schauten nach allen Seiten, wußten aber scheinbar nicht, was sie tun sollten. Ein Mann in Zivil zeichnete sich vor den anderen durch besondere Eilfertigkeit aus. Er lief von einem Busch zum anderen, bückte sich, schob die Äste auseinander, schaute fieberhaft in den Wald hinein, suchte in den Baumkronen etwas Verdächtiges... Einige Milizionäre begannen über den Zivilisten zu spotten: »Du hast vielleicht geträumt oder dich im Wald verirrt!«

»Nein, nein,« erwiderte der Spitzel. »Ich habe sie hier gesehen. Es kann doch nicht möglich sein, daß sie wie von der Erde verschluckt sind! Deshalb habe ich Sie ja auch angerufen!«

»Suchen gehen«, rief der Offizier. Diesmal dauerte es viel länger, bis alle Milizbeamten zurückkehrten — doch ohne die Gesuchten...

Onkel Pawel und die Jungen aber kamen glücklich im Freizeitlager an und stellten mit Freuden fest, daß auch die Mädchen schon von der Wanderung zurück waren. Froh dankten sie alle Gott für seine wunderbare Bewahrung.

Was die Kinder in jenem christlichen Freizeitlager noch alles erlebt haben, wird in den nächsten Kapiteln erzählt.

Die »Waldkirche«

Die ersten Sonnenstrahlen huschten durch den Wald und die Vögel sangen ihre Morgenlieder, als ein kleines Auto sich mühsam seinen Weg durch den Wald bahnte. Zwischen den Bäumen sah man im hohen Gras einen schmalen Weg, dem anzusehen war, daß nur wenige Autos ihn befuhren. Man konnte diesen Weg auch nicht weit überblicken, denn er war sehr kurvenreich und zog sich mal nach oben über einen Hügel, mal nach unten dahin. Der Fahrer mußte sich sehr anstrengen, um auf diesem Weg zu bleiben und nicht nähere Bekanntschaft mit einem Baum zu machen. Je tiefer er in den Wald hineinkam, desto dichter wurde dieser und desto schwieriger wurde das Fahren.

»Wenn der Weg jetzt schon so unpassierbar ist, wie muß es hier erst nach einem Regen aussehen!« rief sein Begleiter aus.

»Ja, es ist schlimm genug. Ich kenne diesen Weg schon länger. Sobald es nur anfängt zu tropfen, muß man sofort aus dem Wald herausfahren. Sonst sitzt man für einige Tage fest, bis der Regen aufgehört hat und es wieder trocken ist«, erwiderte der Fahrer. Dann konzentrierte er sich wieder ganz auf den Weg. Er war die ganze Nacht gefahren und entsprechend müde. Jetzt war es fünf Uhr morgens.

Sein Begleiter schaute nach hinten, um sich zu vergewissern, daß die beiden Mädchen, die hinten saßen, noch schliefen. Eigentlich war die lange Fahrt durch die Wälder und kleinen Dörfer gar nicht günstig zum Schlafen. Unzählige Schlaglöcher rissen die Mädchen immer wieder aus ihren süßen Träumen. Schließlich aber hatte die Müdigkeit sie überwältigt und dem holperigen Weg gegenüber ganz unempfindlich gemacht. Ab und zu schaute sich der Fahrer besorgt um, lächelte dann aber vor sich hin — nach ihren ruhigen Gesichtern zu urteilen vertrugen die Kinder die Fahrt recht gut.

Nach einiger Zeit kamen sie ganz unvermittelt auf eine Lichtung und der Fahrer hielt an. Hier bot sich ihnen ein sehr friedliches Bild. Auf der einer Seite standen zwischen den Bäumen, in kleinen Abständen voneinander entfernt, einige Zelte. Es war ganz still, denn alle Zeltinsassen schliefen noch.

»Wacht auf, Walja und Katja!« rief der Fahrer. »Wir sind da!« Die beiden Mädchen rieben sich die Augen und schauten neugierig aus dem Fenster. Das also war die »Waldkirche« — ein Freizeitlager

Auf der Lichtung ist genug Platz für Spiel und Sport.

für Kinder, deren Väter wegen ihres Glaubens an Gott in Gefängnissen und Straflagern saßen oder ihren Dienst für die Gemeinden im Untergrund tun mußten. Hier würden sie nun einige Wochen bleiben. »Wie es wohl sein wird?« dachten beide.

Der Fahrer und sein Begleiter, Michail Iwanowitsch, gingen den Freizeitleiter — den alle Kinder Onkel Pawel nannten — suchen. Sie waren nicht zum ersten Mal hier und früher hatte man ihnen gesagt: »Bei welchem Zelt ihr seine Schuhe sieht (sie waren natürlich größer als die der Kinder), da schläft er.«

Bei einem Zelt schaute Michail Iwanowitsch kurz hinein, um sich zu vergewissern, ob alle noch schliefen. Da sah er, daß ein Mädchen auf seiner Matratze saß und in den Händen die aufgeschlagene Bibel hielt. Die anderen schliefen noch fest. Es berührte ihn tief, als er dieses Bild sah. Wie freute er sich, wenn er sah, daß Kinder Interesse am Lesen der Bibel hatten!

Inzwischen tauschten Walja und Katja ihre ersten Eindrücke aus. »Wie schön ist es hier mitten im Wald!« rief Walja. »Schau mal, da zwischen den Bäumen hängt sogar eine Schaukel«, unterbrach Katja sie. »Wie lang ist der Tisch und sogar noch überdacht! Da kann man bestimmt, wenn es regnet, ganz gut sitzen und Spiele machen.«

11

»Das ist auf jeden Fall viel besser, als an Regentagen nur im Zelt zu sitzen. Doch in welchem Zelt werden wir sein?«

Die Mädchen sahen so viel Neues um sich herum und merkten dabei gar nicht, wie Michail Iwanowitsch mit einem anderen Mann, den sie nicht kannten, auf sie zukam. Dieser schaute sie sehr freundlich an, reichte ihnen die Hand und sagte: »Herzlich willkommen, Mädchen. Mein Name ist Onkel Pawel. Wir haben schon auf euch gewartet. Ich hoffe, ihr werdet viel Freude hier erleben und so manches für euch lernen. Kommt, ich zeige euch euren Schlafplatz und ihr könnt dann etwas schlafen, denn es ist noch früh. Zuerst aber müßt ihr die Sachen in unseren Schuppen tragen und da bekommt ihr auch je ein Kissen, eine Luftmatratze und eine Decke.«

Neugierig schauten Walja und Katja nach allen Seiten, doch sie konnten keinen Schuppen entdecken. Onkel Pawel lachte: »Ja, ja unser Schuppen sieht ganz eigenartig aus! Schaut mal da, zwischen den Bäumen, seht ihr die vielen Koffer?«

Sie schauten in die Richtung, in die Onkel Pawel zeigte, und sahen, daß dort zwischen den Bäumen vier Pfosten aufgestellt und mit durchsichtiger Folie überspannt waren. Unter der Folie waren Koffer aufgestapelt. »Kommt, wir tragen eure Koffer auch dahin. Ich muß euch aber sofort sagen: wenn ihr etwas aus eurem Koffer braucht, so sagt es eurer Gruppenleiterin. Die kommt dann mit und hilft euch, das Nötige zu finden, damit nicht alles durcheinanderkommt — abschließen können wir ja nicht.«

Sie gingen zum Schuppen und Onkel Pawel erklärte: »Ihr werdet heute noch mit allem bekanntgemacht werden. Doch möchte ich kurz einiges schon sagen: es sind ungefähr 60 Mädchen und Jungen hier, die je nach Alter in Gruppen eingeteilt sind. In dem ersten großen Zelt schlafen 20 Jungen, in dem zweiten großen Zelt 15 Mädchen. In den anderen neun kleinen Zelten schlafen 4-5 Mädchen oder Jungen. Ihr kommt auch in ein kleines Zelt. Und das Zelt, das etwas abseits steht, ist für Besucher. Manchmal kommen einige Eltern ihre Kinder besuchen, oder diejenigen, die uns mit Lebensmitteln versorgen, übernachten dort.«

Schüchtern fragte Walja: »Wenn Papa kommen sollte, könnte er auch da schlafen? Er wollte uns nämlich auch einmal besuchen.«

»Wir werden uns sehr freuen, wenn euer Vater kommen sollte. Er ist doch erst vor kurzem aus dem Straflager entlassen worden?«

»Ja!« rief Katja. »Es geht jetzt bei uns zu Hause viel fröhlicher zu, seit Papa wieder da ist.«

Onkel Pawel stellte die Koffer in dem Schuppen ab und holte zwei Decken, Kissen und Matratzen aus einer Verpackung. Dabei sagte er ernst: »Walja und Katja, ich hoffe, ihr werdet auf die Sachen gut aufpassen. Wir wollen sie nicht nur in dieser, sondern auch noch in vielen weiteren Freizeiten benutzen. Wenn diese Gegenstände sprechen könnten, würden sie wohl eine sehr interessante Geschichte ihrer Entstehung erzählen können. Doch jetzt kommt, ich zeige euch euren Schlafplatz.«

Während sie zum Zelt gingen, wandte sich Walja an Onkel Pawel: »Können Sie uns denn eine Geschichte über diese Gegenstände erzählen?«

Onkel Pawel lächelte: »Nun, ihr wißt ja, daß man aus nichts auch keine Decke machen kann. Wir brauchen aber so viele Decken! Um den Stoff dafür zu bekommen, fuhren einige Schwestern Tausende von Kilometern, bis sie die nötige Menge eingekauft hatten. Auf die gleiche Weise wurde auch Watte besorgt. Dann waren viele fleißige Hände nötig, um die Decken zu nähen. Im sonnigen Tbilissi (Hauptstadt Georgiens) fanden wir Stoff, um die Bettwäsche — Laken, Kissen- und Deckenbezüge — herzustellen. Wenn die Freizeit zu Ende ist, muß dies alles gewaschen, gebügelt und an einem sicheren Ort versteckt werden, damit die Milizbeamten es nicht beschlagnahmen können. Es ist sehr wichtig, daß ihr Kinder auf eure Sachen aufpaßt und so die Arbeit vieler fleißiger Hände wirklich schätzen lernt.«

Katja drückte froh die frisch riechende Bettwäsche an sich und sagte zu Walja: »Unsere Oma hätte sich gar nicht Sorgen zu machen brauchen, daß wir ohne Kissen und Decken von zu Hause abfuhren. Schau mal, dieses hier ist noch viel besser als das, was wir zu Hause haben.« Walja war der gleichen Meinung und fügte hinzu: »Sie können ganz beruhigt sein, Onkel Pawel, wir wollen uns bemühen, alles in bester Ordnung zu halten.«

Onkel Pawel erwiderte: »Ja, die meisten Kinder hier kommen aus sehr großen Familien. Sie schlafen da oft zu zweit, manchmal auch zu dritt in einem Bett und so können sie keine Bettsachen mitbringen. Doch jetzt sind wir bei eurem Zelt angekommen, hier werdet ihr schlafen. Ihr könnt euch noch ein wenig hinlegen, denn bis zum Aufstehen ist noch Zeit.«

Onkel Pawel reichte Walja und Katja ihre Sachen und diese verschwanden dann im Zelt.

Onkel Pawel ging zu Michail Iwanowitsch und dem Fahrer, die am Zelt für Besucher standen. »Wollt ihr sofort schlafen gehen oder erst noch die Gruppenleiterinnen begrüßen?« fragte er die beiden.

»Ich würde gern erst noch die Gruppenleiterinnen sehen, doch sie schlafen ja noch«, erwiderte Michail Iwanowitsch.

»Sie stehen sowieso immer um sieben Uhr auf und in einigen Minuten ist es soweit«, meinte Onkel Pawel. Er hatte recht: aus dem großen Zelt für Mädchen kam gerade eine junge Frau namens Lydia heraus. Sie war die älteste der Gruppenleiterinnen und die jüngeren Helfer fragten sie oft um Rat und Hilfe. Die Gruppenleiterinnen führten den Bibelunterricht durch, machten mit den Kindern Spiele und Ausflüge, wuschen die Wäsche, halfen in der Küche und sorgten für Ordnung. Sie waren für jedes Kind da, das Fragen oder Probleme hatte. Freudig begrüßte Lydia die beiden Besucher und nach einigen Minuten waren alle Gruppenleiterinnen beisammen. Michail Iwanowitsch schaute die Versammelten an und sagte: »Ich bin froh, wieder in eurer Mitte zu sein und hier alles in bester Ordnung vorzufinden. Ich möchte jetzt gern mit euch zusammen unserem allmächtigen Gott danken, daß Er euch bisher so wunderbar bewahrt hat. Ich weiß, wie ihr von den Atheisten gesucht werdet und was euch erwartet, wenn ihr entdeckt werden solltet.«

Ruhig hörten die Gruppenleiterinnen zu. Ja, sie wußten auch um die Konsequenzen ihrer Tätigkeit. Einige von ihnen hatten schon Jahre der Haft hinter sich. Aber ihre Gesichter waren von Gottvertrauen und Ruhe geprägt. Es wurde ganz still auf der Waldwiese. Sogar die Vögel schienen in ihrem Gesang innezuhalten, um das Morgengebet nicht zu stören. Die Sonne stieg höher und höher und versprach einen wunderschönen Tag.

Danach gingen Michail Iwanowitsch und der Fahrer in das leere Zelt, um noch etwas auszuruhen. Die Gruppenleiterinnen aber setzten sich mit Onkel Pawel zusammen und besprachen das Programm des Tages. »Es ist Zeit, die Kinder zu wecken,« meinte Onkel Pawel dann mit einem Blick auf die Uhr. »Lydia, du kannst das Signal geben!« Lydia lächelte, nahm das neben ihr liegende Horn — und über die Waldwiese hin ertönte mitten in den Vogelgesang hinein das Zeichen zum Aufstehen.

Walja wachte auf und schaute sich neugierig im Zelt um. Erst wußte sie gar nicht, wo sie sich befand, doch dann ging es ihr durch: »Das Freizeitlager!« Schnell weckte sie Katja mit den Worten: »Du, ich glaube, wir müssen aufstehen!« Da erhoben sich noch drei Köpfe und eine Stimme sagte: »Oh, wir haben heute Neue!«

Ein Mädchen stellte sofort Fragen: »Wie heißt ihr? Wie alt seid ihr?« Doch da unterbrach eine andere sie: »Natascha, hast du vergessen, daß wir nur 15 Minuten Zeit haben, um uns anzuziehen und das Bett in Ordnung zu bringen? Laß die Fragerei und zeige den Mädchen lieber, wo sie sich waschen können. Wir werden uns nachher unterhalten. Jetzt sollen sie uns nur ihre Namen sagen.«

Walja und Katja stellten sich vor und dann sagte Natascha: »Kommt, ich zeige euch, wo ihr euch waschen könnt.«

Die drei gingen aus dem Zelt. »Dort, etwas abseits vom Tisch, sind zwei Baumstämme aufgestellt und mit einer Stange verbunden. Über die Stange könnt ihr das Handtuch hängen. Da hängt auch die Schöpfkelle, mit der ihr Wasser in einen der beiden nicht sehr großen Eisenbehälter, die an den Baumstämmen befestigt sind, gießen könnt. In die Böden der Behälter haben wir je ein Loch gebohrt und einen Eisenstift mit Kopf hineingesteckt. Drückt man diesen Bol-

Bei dieser Freizeit wurden an einem Baum gleich mehrere Wasserbehälter befestigt, so daß die Morgentoilette schnell erledigt ist (1986).

zen nach oben, so kommt Wasser heraus. Und Wasser haben wir genug, die Jungs holen es in Eimern vom Fluß nicht weit von hier.«

Walja und Katja gingen mit Natascha zum Waschplatz. Dort hatte sich bereits eine Schlange von Jungen und Mädchen gebildet, doch es ging rasch voran. Katja wandte sich an Natascha: »Schafft ihr es denn, in 15 Minuten fertig zu sein?«

»O ja! Das heißt, wenn man wirklich sofort nach dem Hornsignal aufsteht. Am Anfang wollten einige Jungs gar nicht aus den Federn, doch dann holte Onkel Pawel sie an den Füßen aus dem Zelt heraus.« Walja versuchte sich vorzustellen, wie das ausgesehen haben mochte, und platzte vor Lachen heraus.

Natascha schaute sie zuerst verwundert an, verstand dann aber den Grund und lachte mit. »O, hättet ihr das Bild gesehen!« meinte sie. »Den Jungs wurde dies doch zu peinlich und so beschlossen sie, lieber rechtzeitig aufzustehen. Später hat Onkel Pawel uns die Bedeutung des Sichverspätens beim Posaunenton des Engels erzählt. Es war sehr wichtig.«

Als die drei Mädchen nach dem Waschen zu ihrem Zelt zurückliefen, wartete dort eine junge Frau auf sie. Sie begrüßte Walja und Katja freundlich und sagte: »Mein Name ist Tante Ljuba. Wir werden uns nachher näher kennenlernen, denn ihr werdet in meiner Gruppe sein. Jetzt aber kommt ihr mit uns in den Wald. Dort haben wir einen bestimmten Platz, wo wir immer unsere Morgenandacht halten.«

Aus dem Nachbarzelt kammen noch fünf Mädchen hinzu und dann ging es in den Wald. Auch die anderen Kinder verschwanden mit ihren jeweiligen Gruppen im Wald und auf der Lichtung herrschte wieder Stille.

Michail Iwanowitsch und der Fahrer erwachten gegen neun Uhr und kamen aus dem Zelt. Sie schauten nach allen Seiten, doch kein Mensch war zu sehen. »Nanu«, meinte der Fahrer, »schlafen denn die Kinder alle noch? Das ist doch nicht möglich!«

Sie schauten in die Zelte, konnten aber niemanden finden. Da hörten sie ein sich näherndes Brummen und kurze Zeit später fuhr ein Motorrad auf die Lichtung. Es waren Opa (so nannten die Kinder den älteren Mann) und zwei junge Frauen. Sie brachten das Frühstück für die Waldkirche.

Opa kannte Michail Iwanowitsch seit vielen Jahren als einen treuen Christen. Wegen seines Dienstes in der Gemeinde war er schon einmal verurteilt worden und hatte einige Jahre in Haft verbracht. Aber auch nach seiner Entlassung wirkte Michail Iwanowitsch mit dem gleichen Eifer weiter. Auch den Fahrer kannte Opa gut. Nach einer herzlichen Begrüßung fragte Michail Iwanowitsch, wo die Kinder und Gruppenleiterinnen geblieben sein könnten. »O, da müßt ihr schon auf die Suche gehen«, erwiderte die eine der beiden Frauen. »Wie ihr sieht, führen hier viele Pfade in den Wald. Folgt irgendeinem Pfad, dann werdet ihr bestimmt bald jemanden entdecken. Die halten nämlich jetzt ihre Morgenandacht und eine jede Gruppe hat ihren bestimmten Ort im Wald, wo sie zusammenkommt.«

Michail Iwanowitsch und der Fahrer folgten einem der Pfade ein und bald entdeckten sie die Gruppe von Tante Ljuba. Sie blieben zwischen den Bäumen stehen und verfolgten den Verlauf der Andacht, denn es war alles gut zu hören.

Die Kinder saßen auf einem umgestürzten Baumstamm, umgeben von Büschen und hohen Bäumen. Sie hatten der Reihe nach einige Verse aus dem Johannesevangelium gelesen und jetzt stellte Tante Ljuba Fragen zu dem Gelesenen, die ein jeder beantworten konnte.

Walja und Katja hörten sehr aufmerksam zu, doch sie hatten noch nicht den Mut, auf die Fragen zu antworten. Da wandte sich Tante Ljuba an sie: »Walja und Katja, wenn ihr die Antwort wißt, könnt ihr euch auch melden und antworten. Zum Schluß werden wir alle der Reihe nach laut beten. Heute werden wir auch dafür beten, daß Walja und Katja sich gut unter uns einleben und auch mit Freuden an allem teilnehmen, was hier im Freizeitlager geschieht. Katja, kannst du das Gebet 'Vater unser' auswendig?«

Katja nickte und Tante Ljuba fuhr fort: »Gut, dann wirst du als letzte dieses Gebet sprechen. Wir haben es so eingeführt, daß alle einmal mit diesem Gebet drankommen, damit auch ein jeder es auswendig kann. Und jetzt knien wir zum Gebet nieder.«

Alle knieten nieder und der Reihe nach betete jeder kurz mit eigenen Worten. Sie dankten Gott für seine Bewahrung in der verflossenen Nacht, dankten für die Gruppenleiterinnen, Köchinnen und alle, die ihnen die Freizeit so angenehm gestalteten. Die Kinder baten aber auch um Schutz und Bewahrung auf allen Wegen und darum,

Auf einem freien Platz mittem im Wald wird die Morgenandacht abgehalten.

daß die Milizbeamten sie nicht entdecken mögen. Als letzte betete Tante Ljuba und dann sprach Katja das »Vater unser«.

»Für morgen lernen wir wieder einen Bibelvers aus dem vorgelesenen Kapitel auswendig. Ein jeder kann sich den Vers aussuchen, der ihm am meisten gefällt«, sagte Tante Ljuba. Wieder wandte sie sich an Walja und Katja: »Wir lernen jedesmal einen Bibelvers auswendig. Und am Ende der Freizeit wird ein Wettbewerb veranstaltet, um zu sehen, wer am meisten gelernt hat. Doch noch wichtiger ist es, daß wir diese Verse nicht nur auswendig lernen, sondern nach ihnen leben.«

In diesem Moment bimmelte eine Glocke. Schnell sprangen alle Kinder auf und nahmen ihre Bücher. Natascha faßte Walja an der Hand: »Komm, gleich gibt es Frühstück! Das ist nämlich unser Signal. Wenn die Glocke schlägt, heißt es immer: zum Essen kommen! Und ich habe wirklich schon Hunger!«

Die beiden Mädchen liefen den anderen nach und in wenigen Minuten waren sie auf der großen Lichtung, wo schon die Tische von den Köchinnen gedeckt waren.

Natascha hielt den Platz neben sich für Walja frei; auch Katja hatte schon mit einem Mädchen namens Vera Freundschaft geschlossen.

Nachdem alle ihre Plätze eingenommen hatten, bat Sergej — ein Junge aus der Gruppe der Älteren — die Anwesenden, aufzustehen, und sprach ein Tischgebet. Dann zeigten die Jungen und Mädchen, wie hungrig sie waren: sie langten tüchtig zu.

Onkel Pawel schaute überall nach dem Rechten und war mal hier, mal dort zu sehen. Vera flüsterte Katja zu: »Den Tisch und die Bänke und die Überdachung haben die Jungs mit Onkel Pawel selber gemacht, damit wir auch an Regentagen hier essen und auch spielen können und nicht in den Zelten sitzen müssen. Doch wir dürfen während des Essens nicht viel sprechen und nicht laut sein. Wer zu laut ist, bekommt eine Strafe: er muß Geschirr spülen, beim Aufräumen helfen oder sonst etwas tun. Wir haben Nadja und Leonid gewählt, daß sie auf die Ordnung achtgeben.«

Als alle satt waren, erhob sich Sergej, um das Vormittagsprogramm bekanntzugeben. Ihm oblag an diesem Tag die Aufgabe, die Veranstaltungen des Tages zu organisieren.

Er bat um Ruhe und erklärte dann: »Nach dem Essen haben wir alle eine Stunde frei, d.h. jeder kann tun, was er will. Dann kommen wir alle hier auf der Wiese wieder zusammen. Da heute neue Teilnehmer angekommen sind, werden wir eine Aufnahmeversammlung haben.«

Nach diesen Worten erhoben sich alle und Sergej sprach ein Dankgebet. Dann ging es an den Abwasch. Die Jungen holten Wasser vom Fluß und goßen es in den Eimer, der über einem Feuer hing. So wurde das Wasser heiß gemacht. Die Mädchen hatten inzwischen alles Geschirr eingesammelt, und als das Wasser heiß genug war, wurde es in eine große Schüssel gegossen und dann ging das Spülen los.

Aufnahme in die »Waldkirche«

Noch ehe das Hornsignal verklang, waren alle schon auf der Wiese versammelt. Zunächst ging es sehr laut zu, doch als Sergej in die Kreismitte trat, wurde es allmählich ganz still. Einige Kinder saßen auf umgestürzten Baumstämmen, die anderen auf dem Gras. Die Gruppenleiterinnen und die Besucher standen oder saßen etwas abseits.

Sergej bat die Anwesenden, sich zum Gebet zu erheben, und nachdem alle ihre Plätze wieder eingenommen hatten, gab er bekannt: »Heute sind zwei neue Teilnehmer angekommen und sie wollen den Rest der Freizeit mit uns in der Waldkirche verbringen.«

Dann wandte er sich an Walja und Katja, die hinten saßen: »Kommt bitte nach vorne, wir möchten euch einige Fragen stellen.«

Natascha flüsterte Walja ermutigend zu: »Habt keine Angst, wir haben alle genauso angefangen.« Und doch fühlten sich Walja und Katja etwas unbehaglich, als sie nach vorne gingen, denn Dutzende von Augenpaaren schauten sie mit Interesse an.

Sergej sagte zu ihnen: »Die meisten hier sind Kinder, deren Väter in Haft sind oder vor kurzem entlassen wurden. Einige von uns sehen ihre Väter nur selten, auch wenn diese nicht im Gefängnis sind. Denn sie tun einen Dienst in der Gemeinde und werden von den Behörden gesucht, deshalb können sie nicht zu Hause wohnen.

Wir nennen uns 'Waldkirche'. Die meisten von uns sind fast den ganzen Sommer hier; deshalb versuchen wir von Zeit zur Zeit, Briefe an unsere Eltern zu schreiben, damit sie wissen, wie es uns geht. Die Briefe werden dann von unseren Besuchern weitergeleitet. Damit die Behörden nicht erfahren, wo wir uns befinden, schreiben wir als Absender: 'Aus der Kirche, die im Zarenreich der Wespen, im Staat der Mücken und im Land der Wildschweine liegt...' Es gibt hier im Wald nämlich viele Wespen, Mücken und Wildschweine.

Wir wissen aber auch: sollte die Miliz erfahren, wo wir sind, so würde es uns selbst vielleicht nicht besonders treffen, doch Onkel Pawel und die Gruppenleiterinnen würden dann übel dran sein. Deshalb ist ein jeder verpflichtet, in allem ihre Anordnungen zu befolgen und gehorsam zu sein.

Onkel Pawel ist unser 'Gemeindeleiter'. Die älteren Jungen gehören zum 'Bruderrat'. Wir kommen zusammen, um mit Onkel Pawel

Onkel Pawel (hinten rechts stehend) verfolgt aufmerksam die Aufnahme in die »Waldkirche« mit.

die Ordnung des Tages und so manches andere zu besprechen. Der 'Bruderrat' bestimmt dann den Leiter des Gottesdienstes und der muß dann sagen, wer die Predigten halten soll. Am Gottesdienst, der täglich nach dem Abendbrot durchgeführt wird, kann sich ein jeder mit Gedichten, Bibelversen oder Liedern beteiligen.

Wir alle sind auf fünf Gruppen verteilt. Die Gruppenleiterinnen heißen Tante Lydia, Tante Ljuba, Tante Ljudmila, Tante Anna und Tante Vera (dabei zeigte er mit der Hand, wo die betreffende Person stand, damit Walja und Katja Bescheid wußten). Außerdem haben wir einen Chor. Nina führt die Übungsstunden durch und Sweta und Nadja helfen ihr dabei.

Unser Motto ist: 'Alles nun, was ihr wollt, daß euch die Leute tun sollen, das tut ihnen auch.' Es steht im Matthäusevangelium 7, 12. Seid ihr einverstanden, so zu handeln?«

Walja und Katja wechselten einen Blick miteinander. Gerade von einer solchen Gemeinschaft hatten sie ja geträumt. Froh nickten beide mit den Köpfen: Einverstanden!

Dann sagte Sergej zu allen Anwesenden: »Jeder, der eine Frage hat, kann sie jetzt stellen.«

Sofort kamen viele Fragen: »Aus welcher Stadt seid ihr?«

»Wir kommen aus Ust-Labinsk.«

»Wie viele Kinder seid ihr in der Familie?«

»Wir sind acht Geschwister.«

»Wo ist euer Vater? Wie oft war er in Haft?«

»Er war zweimal verhaftet. Beim ersten Mal bekam er drei Jahre. Nach seiner Entlassung war er nur dreieinhalb Monate zu Hause, dann wurde er wieder verhaftet und bekam fünf Jahre Haft. Gerade vor einem Monat ist er wieder nach Hause gekommen.«

Nun stellte auch Tante Ljuba eine Frage: »Seid ihr immer gehorsam eurer Mutter gegenüber? Sie hat es bestimmt oft sehr schwer, wenn euer Vater so wenig zu Hause ist.«

Walja war eine Zeitlang still, nur Tränen füllten ihre Augen. Aufmerksam schauten alle sie an. Dann sagte sie: »Wir haben schon sechs Jahre keine Mutti mehr. Sie war oft krank, aber immer sehr lieb zu uns. Als Vater zum ersten Mal verhaftet wurde, hatte sie es sehr schwer, doch sie war immer froh. Sie lehrte uns das Beten, und wenn wir sie immer wieder fragten: ›Wann kommt Vati nach Hause?‹, dann sagte sie: ›Er wird kommen, ganz bestimmt, wir wollen nur immer für ihn beten!‹ Ein halbes Jahr, bevor Vater heimkam, wurde sie sehr krank und starb. Ich war damals sechs Jahre, unsere älteste Schwester elf Jahre und die Jüngste gerade ein Jahr alt. Vati durfte nicht einmal zur Beerdigung aus dem Straflager kommen.«

Walja trocknete die Tränen. Dann fragte Tante Ljuba: »Wer hat denn für euch gesorgt?«

»Wir blieben bei Oma«, erwiderte Walja. »Viele Gläubige haben uns geholfen. Dann kam Vati nach Hause. Wie sehr haben wir uns darüber gefreut! Zusammen mit ihm gingen wir zum Gottesdienst; wir besuchten den Friedhof, wo unsere Mutti begraben liegt. Doch das Beste war, daß wir abends zusammen saßen und Vati uns biblische Geschichten erzählte. Und immer wieder sagte er: ›Kinder, lebt so, daß wir einst im Himmel mit unserer Mutti wieder vereint sind.‹«

Auf der ganzen Waldwiese wurde es still. Nur die Lerchen sangen weiter ihre fröhlichen Sommerlieder und ab und zu bewegte ein leiser Lufthauch die Haare der Kinder. Katja blickte ihre Schwester an und wollte ihr helfen, indem sie fortfuhr: »Doch Vati konnte nicht lange bei uns sein. Immer wieder kam die Miliz, die Gottesdienste wurden gestört, und nach dreieinhalb Monaten wurde Vati wieder verhaftet. Das Gericht verurteilte ihn zu fünf Jahren Lagerhaft und wir Kinder sollten in ein staatliches Erziehungsheim kommen.«

«Oh! Und wie war es euch gelungen, diesem schrecklichen Schicksal zu entgehen?« fragte Sergej.

»Wir haben eine entschlossene Oma,« lächelte Walja. »Sie zog mit uns nach Ust-Labinsk, wo Vatis Schwester wohnte. Gott erhörte unsere Gebete und die vieler Gläubigen und wir durften bei Oma bleiben, keiner von uns wurde in ein Erziehungsheim gebracht.«

»Habt ihr euren Vater auch mal im Straflager besucht?«

»O ja! Wenn es auch nur einmal im Jahr möglich war, war es für uns umso wichtiger. Es war stets das schönste Fest im Jahr. Oma und die Tante nahmen uns mit und so konnten wir Vati trösten. Jetzt ist er schon einen Monat wieder zu Hause.«

»Besucht ihr die Gottesdienste in der Gemeinde und gibt es bei euch auch eine Kindergruppe?«

»Ja, wir besuchen die Gottesdienste und auch die Sonntagsschule.«

»Habt ihr persönlich eine Bibel oder ein Evangelium?«

»Wir haben zusammen ein Evangelium.«

Die Kinder schreiben Briefe an ihre Eltern und die Familien derer, deren Väter verhaftet sind.

»Kennt ihr das Gebet 'Vater unser' auswendig?« Walja sagte das Gebet auswendig auf.

Dann sagte Sergej: »Wir möchten euch noch auf das Verhalten gegeneinander aufmerksam machen. Wir haben beschlossen — wie es auch im Motto heißt —, nichts dem anderen zuzufügen, was man sich selber nicht wünscht. Wenn aber einer den anderen beleidigt, oder ihm sonst etwas antut, dann muß er dies in Ordnung bringen. Es gilt auch, den Gruppenleiterinnen gegenüber gehorsam zu sein. Ist jemand unartig und läßt er sich nichts sagen, so wird er auf allgemeinen Beschluß eine Zeitlang für 'aussätzig' erklärt, bis er sein Unrecht einsieht. Das heißt also, daß der Betreffende nicht mit allen anderen zusammen am Tisch essen kann, er darf an keinen Ausflügen teilnehmen und er wohnt den Gottesdiensten nur von ferne bei — so wie jetzt die zwei Jungen da hinten.« Dabei wies Sergej mit der Hand nach hinten, wo zwei Jungen auf Baumstämmen saßen und aufmerksam zuhörten. Viele Köpfe drehten sich in die gezeigte Richtung. Die sogenannten 'Aussätzigen' wurden rot und wandten sich ab; ihr Benehmen aber zeigte deutlich, daß die Strafe für sie wirksam war.

Sergej fuhr fort: »Wenn dem Bestraften sein Verhalten leid tut, so kann er sich jederzeit bei Onkel Pawel oder Tante Lydia melden. Die sprechen dann mit ihm und stellen fest, ob es ihm wirklich leid tut. Danach wird der Betreffende wieder in die Gemeinschaft aufgenommen. Wir hoffen aber, daß wir immer im Frieden miteinander leben werden.«

Sergej wandte sich an alle Anwesenden: »Wer dafür ist, Walja und Katja in unsere Gemeinschaft aufzunehmen, hebe bitte die Hand.« Alle Hände flogen hoch und so wurden Walja und Katja in die »Waldkirche« aufgenommen.

Da kam Onkel Pawel nach vorne und sagte: »Walja und Katja, auch ich freue mich, daß ihr hier sein könnt. Ich möchte jedem von euch ein Büchlein 'Hilfe von oben' schenken. Darin sind verschiedene Bibelverse abgedruckt. Wir versuchen jeden Tag einige Verse auswendig zu lernen und ich wünsche, daß ihr es auch tut. Am Ende der Freizeit werden wir einen Wettbewerb durchführen, um festzustellen, wer am meisten gelernt hat.« Mit diesen Worten überreichte Onkel Pawel den beiden Mädchen die Bücher.

Nach dem gemeinsamen Gebet schlug Sergej vor, noch ein Lied

zu singen. Danach meinte ein Junge namens Andrej: »Wir haben heute Gäste, nämlich Michail Iwanowitsch und den Fahrer. Laßt uns sie doch auch in unsere 'Waldkirche' aufnehmen.«

»Nun, das geht wohl schlecht«, meinte Michail Iwanowitsch. »Wir fahren ja heute abend schon wieder weg!« Doch den Kindern gefiel diese Idee.

Ein Mädchen namens Lisa sagte: »Das macht nichts. Es ist sogar gut, daß sie wegfahren!«

»Warum?« fragte Michail Iwanowitsch.

»Wir nehmen sie auf und dann gehen sie von unserer 'Waldkirche' aus auf Reisen. Wenn sie das nächste Mal kommen, dann müssen sie uns erzählen, wie Gott ihre Arbeit gesegnet hat.«

»Wenn das so ist, dann bin ich einverstanden.«

Alle waren von diesem Vorschlag begeistert; die meisten kannten Michail Iwanowitsch schon und wußten, wie gut er erzählen konnte. Sergej bat diejenigen, die einverstanden waren, die Hände hochzuheben. Als Michail Iwanowitsch sich umschaute, sah er, wie auch die zwei »Aussätzigen« mit einem Lächeln beide Hände hochhoben. So war auch seine Mitgliedschaft in der »Waldkirche« bestätigt.

Damit wurde die Zusammenkunft beendet und bis zum Mittagessen blieb noch etwas Zeit zum Spielen.

Einige Streiche und ihre Folgen

Da im Lager sehr verschiedene Kinder waren, verlief kein Tag, ohne daß etwas Besonderes geschah. Schwer hatten es zuweilen diejenigen, die sich nicht der Ordnung unterwerfen wollten.

Ende Juni hatte man die Kinder zu Onkel Pawel nach Hause gebracht, von wo aus man sie alle zusammen zu dem Freizeitlager im Wald fahren wollte. Unter den Jungen fielen besonders zwei Brüder auf: der zwölfjährige Viktor und der zehnjährige Wladimir. Als sie zu Onkel Pawel kamen, waren schon einige Kinder da. Es herrschte Regenwetter und so beschloß Onkel Pawel, die Kinder noch einige Tage länger bei sich zu behalten, denn bei diesem Wetter konnte man sie nicht in den Wald bringen. Außerdem mußten erst die Zelte aufgestellt werden, und der aufgeweichte Waldboden war dazu noch nicht geeignet.

Viktor wurde es gleich am ersten Tage zu langweilig und so beschloß er, mit den Jungen eine Schlacht zu veranstalten. Er versammelte sie um sich und sagte: »Hier im Garten sind einige Apfel- und Aprikosenbäume. Zwar sind die Früchte noch nicht reif, aber sie eignen sich sehr gut zum Schießen. Wir teilen uns in zwei Gruppen und dann geht's los.«

»Das wird ja interessant!« rief Wladimir. Einige Jungen waren nicht so sehr von diesem Spiel begeistert, doch ließen sie sich dazu überreden. Es dauerte nicht lange, da war die tollste Schießerei im Gange. Onkel Pawel war gerade nicht zu Hause, denn er mußte noch einige Kinder abholen, und Tante Galina — seine Frau — versuchte vergeblich, die Jungen von ihrem Tun abzuhalten. Immer wieder flogen grüne Äpfel und Aprikosen hin und her.

Als Onkel Pawel am Abend nach Hause kam, erfuhr er die ganze Geschichte. Er ging in den Garten und mußte feststellen, daß kaum eine Frucht an den Bäumen geblieben war. So beschloß er, am nächsten Tag den Jungen eine kleine Lektion zu erteilen...

Am nächsten Morgen, als Onkel Pawel aus dem Hause trat, sah er, wie Viktor sich mit noch zwei Jungen, Alexander und Anatolij, besprach. Es war zu sehen, daß jeder von ihnen in seinen Hosentaschen noch grüne Äpfel hatte. Onkel Pawel ging auf sie zu und fragte: »Warum habt ihr eigentlich die Äpfel gepflückt?«

Tante Galina kocht nicht nur für ihre große Familie, sondern mehrere Tage lang auch für alle Kinder, die bis zur Abfahrt in das Freizeitlager bei ihnen untergebracht waren.

Verlegen schauten die Jungen sich an, dann stotterte Alexander: »W-wir ... w-wollten ... nur mal probieren, ... ob sie sch-schon schmecken!«

»Ach so«, erwiderte Onkel Pawel. »Ja, probieren kann man schon mal! Jetzt möchte ich aber auch sehen, wie es euch schmeckt. Kommt, setzt euch zu mir, und dann könnt ihr kräftig hineinbeißen.«

Was blieb den Jungen anderes übrig? Sie setzten sich zu Onkel Pawel und zaghaft bissen sie in die Äpfel. Ach, wie sauer waren diese! Onkel Pawel sah, daß es den Jungen gar nicht schmeckte; sie verzogen ihre Gesichter, wagten aber nicht, die sauren Äpfel wegzuschmeißen. Als die Äpfel endlich aufgegessen waren, sagte Onkel Pawel: »So, jetzt habt ihr's geschafft! Und wenn ihr noch mehr Äpfel essen wollt, so könnt ihr ruhig einige pflücken.« Mit diesen Worten erhob er sich und ging ins Haus.

Viktor war wütend, daß er die unreifen Äpfel essen mußte, doch Alexander sagte zu Anatolij: »Ich werde nie wieder Äpfel pflücken! Es tut mir leid, daß wir dies getan haben. Onkel Pawel hat ja auch

Kinder und die würden bestimmt gerne Äpfel und Aprikosen essen. Jetzt aber ist kaum noch etwas da!«

Nach kurzem Hin und Her gingen Alexander und Anatolij zu Onkel Pawel und entschuldigten sich für ihr Tun. Onkel Pawel freute sich sehr, daß sie ihr Unrecht eingesehen hatten, und sagte: »Ich wünsche euch von Herzen, daß ihr immer, bevor ihr etwas tut, fragt: 'Was wird Jesus dazu sagen?' Diese Frage wird euch vor manchen Schwierigkeiten bewahren. Es ist natürlich viel leichter, etwas mitzumachen, was alle anderen tun. Doch bringt es einen viel größeren Segen, wenn wir in allem Gott gehorsam sind.«

Nach einigen Tagen brachte man die Kinder in den Wald und jeder bekam seinen Platz in einem Zelt. Da meldete sich Besuch an: der Vater von Viktor und Wladimir, der zu der Zeit wegen seines Dienstes in der Gemeinde verfolgt wurde und deshalb nicht zu Hause wohnen konnte, wollte gerne seine Söhne sehen. Er freute sich sehr, diese so gut versorgt zu sehen. Doch die Jungen sagten zu ihrem Vater: »Papa, hier ist eine schreckliche Ordnung. Man darf nichts anstellen, sonst macht man sich sofort schuldig.«

«Nun«, meinte der Vater, »wenn euch die Ordnung nicht gefällt, so packt eure Sachen und wir fahren zusammen nach Hause.«

Viktor und Wladimir schauten einander an; dann meinte Wladimir: »Nun, so schlimm ist es auch wieder nicht. Wir müssen ja auch zu Hause gehorsam sein... Nein, lieber bleiben wir, es gibt hier so viel Interessantes.«

So blieben sie doch im Lager und es schien, als ob es ihnen nicht mehr so schwer fiele, sich in dessen Ordnung zu fügen. Wladimir war es hiermit wirklich ernst.

Viktor aber konnte es auch weiterhin nicht lassen, neue Streiche auszuhecken. Eines Tages sammelte er wieder einige Jungen um sich und verkündete: »Wir müssen mal etwas unternehmen, laßt uns 'Indianer' spielen!« Einer von den Jungen namens Igor hatte viele Geschichten über Indianer gelesen und Viktors Vorschlag war genau nach seinem Geschmack. »Wir brauchen dazu Waffen, sonst sind wir keine Indianer,« meinte er. Auch dieses hatte Viktor schon bedacht: »Nun, sich hier ein Tomahawk* zu verschaffen ist unmöglich, aber die Indianer kämpfen oft auch mit Bogen und Pfeilen.

---

*Tomahawk — Streitaxt der nordamerikanischer Indianer.

Und hier im Wald finden wir genug Äste, aus welchen man alles Nötige herstellen kann. Bindfäden für den Bogen nehmen wir von den Zeltverpackungen.«

Mit Freuden gingen die Jungen daran, die Bogen und Pfeile herzustellen. Es dauerte auch nicht lange, da hatten sie eine Menge davon fertig. Dann teilten sie sich in zwei Gruppen, und los ging der Kampf...

Als Onkel Pawel die indianischen Kriegsrufe und das Zischen der Pfeile im Wald hörte, rief er Tante Lydia und bat sie, mit dem Horn ein Alarmsignal zu geben. Als alle zusammengelaufen waren, ließ er die Mädchen gehen und zu den Jungen sagte er: »Ich schlage euch vor, dieses Spiel lieber zu lassen.«

»Und warum? Wir Jungen müssen doch auch mal so etwas spielen!«

»Was ist schon ein Junge ohne Pfeil und Bogen!« riefen einige dazwischen.

»Ich verstehe schon, daß ihr mal etwas anderes spielen wollt. Aber bei jedem Spiel müßt ihr auch lernen, die Folgen zu bedenken. Ihr habt die Pfeile ziemlich spitz gemacht. Im Wald macht es schon Spaß, 'Indianer' zu spielen. Aber weil so viele dicke Bäume im Wald sind und die Sichtweite schlecht ist, könnt ihr jemanden gefährlich treffen. Und wenn ihr mit eurem Spiel auf die große Lichtung kommt, so seid ihr da nicht allein. Hier spielen auch die anderen Kinder, hier wird der Tisch gedeckt und stehen die Speisen. Die Gefahr ist zu groß, daß ihr jemanden trefft, und das ist bestimmt nicht gut. Ich möchte, daß ihr gründlich darüber nachdenkt — vor allen Dingen noch einmal über unser Motto: 'Was ihr wollt, daß euch die Leute tun sollen, das tut ihnen auch.'«

Nach diesen Worten entließ Onkel Pawel die Jungen. »Ich finde das Spiel zu interessant, um es aufzugeben«, sagte Anatolij.

»Aber ich glaube, wir sollten doch mehr darüber nachdenken. Anatolij, erinnerst du dich, wie Onkel Pawel zu uns sagte: 'Fragt in allen Lebenslagen: was wird Jesus dazu sagen?'« meinte Alexandr.

»Dennoch möchte ich weiterspielen!« rief Igor trotzig. Er zielte und schoß nach einem Busch. Im nächsten Augenblick hörten alle einen lauten Schmerzensschrei.

Erschrocken liefen die Jungen um den Busch und sahen dort, wie der zehnjährige Wasilij sich mit beiden Händen den Kopf hielt. Un-

Die Kinder spielen gern auf der Lichtung, hier hängt auch eine Schaukel.

ter den Fingern zeigte sich Blut. Neben ihm auf der Erde lag ein Buch, in dem er gerade gelesen hatte. Selbst Igor war vor Schreck ganz bleich geworden.

Onkel Pawel und Tante Ljuba kamen schnell herbei und sahen sofort, daß die Wunde nicht so schlimm war, wie sie aussah. Dennoch beschloß Onkel Pawel, mit den Jungen ein ernstes Gespräch zu führen.

Schweigend führte er Wasilij, der noch immer schluchzte, zum Eimer mit frischem Wasser. Tante Ljuba wusch ihm dort die Wunde aus und verband sie. Dann wurde eine Luftmatratze aus einem Zelt geholt, Wasilij legte sich darauf und Onkel Pawel deckte ihn bis zum Kinn mit einem weißen Laken zu. Schweigend beobachteten die Kinder alles, was er tat. Nur Igor sagte immer wieder: »Ich habe es nicht gewollt. Ich habe es nicht gewollt!«

Schließlich wandte sich Onkel Pawel an die Kinder: »Ich habe euch ja gewarnt, daß so etwas geschehen kann. Nun, was machen wir jetzt? Ihr habt ja selber gesehen, wie verletzt Wasilij ist. Und wenn er jetzt stirbt? Wie und wo werden wir die Beerdigung durchführen?«

Keiner sagte auch nur ein Wort, doch man sah es den Gesichtern an, wie erschrocken die Kinder waren. Da fing Wasilij, der sich inzwischen etwas von dem Schrecken erholt hatte, an zu lachen. Sofort veränderten sich die ernsten Gesichter der Kinder und einige riefen aus: »Wenn er lacht, ist es bestimmt nicht so schlimm! Er stirbt nicht!«

»Ja, Kinder, das denke ich auch«, sagte Onkel Pawel. »Trotzdem meine ich, daß dieser Vorfall eine Lehre für euch alle ist. Ich möchte gerne, daß ihr heute den Vers aus dem Büchlein 'Hilfe von oben' auswendig lernt: 'Manchem gefällt ein Weg wohl; aber zuletzt bringt er ihn zum Tode' (Spr. 16, 25). Wir möchten so manches in unserem Leben tun, wovon man uns sagt, daß es nicht gut ist. Bei euch Kindern sind es vielleicht scheinbare Kleinigkeiten, welche die Eltern oder andere Erwachsene euch zu tun verbieten. Bei den Erwachsenen handelt es sich oft um größere Dinge. Doch habt ihr bestimmt auch dies schon erfahren: wenn ihr das Verbotene tut, gibt es nicht selten schwerwiegende Folgen. Gott sagt in seinem Wort, daß unsere Wege uns ins Verderben bringen. Nur wenn wir Gottes Wege gehen, kann Er uns segnen. Ich möchte es euch nochmal dringend ans Herz legen: Bei allem, was ihr tut, stellt euch die Frage: 'Was würde Jesus dazu sagen?' Und jetzt könnt ihr wieder spielen gehen. Wasilij wird sich etwas ausruhen, dann ist auch er bestimmt wieder der alte.«

Nach diesem Vorfall wurden alle Bogen und Pfeile zerbrochen und keiner versuchte mehr das Indianerspiel fortzusetzen.

Nächtliche Ruhestörer

In der Gegend, wo das Freizeitlager aufgeschlagen war, gab es sehr viele Wildschweine. Wenn die Kinder tagsüber auch sehr ausgelassen waren und sich ohne Bedenken weiter in den Wald hineinwagten, so änderte sich dieses Bild jedesmal wenn es Abend wurde. Allmählich kamen auch die Mutigsten mit ihren Spielen auf die Lichtung und es wurde dort sehr ruhig, ohne daß Onkel Pawel etwas sagen mußte. Denn sobald es dunkel wurde, wirkte der Wald unheimlich und immer wieder hörte man deutlich, wie die Wildschweine schnauften.

Die Kinder waren sehr darauf bedacht, in ihren Abendgebeten nie zu vergessen, um Gottes Schutz zu bitten. In vielen Gebeten konnte man die Worte hören: »Herr, sende deinen Schutzengel, laß es nicht zu, daß die Milizbeamten unseren Ort finden, und bewahre uns in der Nacht vor den Wildschweinen.«

In der Nähe des Lagers befanden sich einige Schrebergärten. Sehr oft war in diesen alles von den Wildschweinen zerstört — aber in dem Garten, der dem Lager am nächsten lag, war keine Spur von Wildschweinen zu sehen. Der Mann, dem dieser Garten gehörte, arbeitete beim Fluß und brachte die Kinder oft von einem Ufer des Flusses zum anderen. Eines Tages sagte er zu den Kindern: »Seltsamerweise ist dieses Jahr in meinem Garten nichts durch die Wildschweine zerstört worden, die Gärten meiner Nachbarn dagegen sehen recht wüst aus. Ich denke, die Schweine merken es auch, daß Menschen in der Nähe des Gartens sind.«

Als die Kinder beim Abendgottesdienst dieses Gespräch erwähnten, kamen sie zu dem Schluß, daß Gott ihre Gebete erhört und seinen Schutzengel jede Nacht gesandt hatte, um sie zu bewahren. Nur deshalb wagten die Wildschweine es nicht, in ihre Nähe zu kommen. (Am Ende des Sommers, als der Mann seine Ernte einsammelte, war er von dem reichen Ertrag so überwältigt, daß er den Kindern eine Menge Wassermelonen schenkte.)

Nach dem Abendgottesdienst gingen alle Kinder in ihre Zelte. Eine Zeitlang hörte man dort gedämpfte Gespräche. Dann kehrte auf der Lichtung Stille ein.

Wie immer machte Onkel Pawel die Runde durchs Lager und schaute überall noch einmal nach dem Rechten. Dann ging auch er

Der »Bruderrat« der Waldkirche mit Onkel Pawel.

in sein Zelt. Eigentlich hatte Onkel Pawel keinen beständigen Schlafplatz. Meistens schlief er in einem Zelt, in dem die größeren Jungen untergebracht waren; dann sprachen sie abends noch einiges durch. Doch oft beanspruchten ihn auch die Kleineren, denn sie meinten auch ein Recht auf ihn zu haben; und so wechselte Onkel Pawel von einem Zelt in das andere. Heute schlief er im Zelt von Alexander, Pawel, Leonid und Alexej.

Onkel Pawel war noch nicht eingeschlafen, da hörte er seltsame Geräusche im Wald. Erst dachte er an Wildschweine; doch je mehr er lauschte, desto verdächtiger kam es ihm vor.

»Ob man wohl unser Freizeitlager entdeckt hat und uns jetzt umringen wird? Oder sind es nur einige Landstreicher, die sich hier etwas holen wollen? Nach den Geräuschen zu urteilen, müssen es Menschen sein«, ging es ihm durch den Kopf. »Wenn das Freizeitlager wirklich von der Miliz entdeckt worden ist, dann müssen wir schnell etwas unternehmen«, überlegte er weiter.

Leise erhob er sich, zog sich an und weckte dann Leonid und Alexander. Er flüsterte ihnen zu, sie sollten sich anziehen und nach draußen kommen, denn er müsse etwas mit ihnen besprechen.

Als die beiden nach draußen kamen, fragte er:

»Hört ihr die Geräusche? Was meint ihr, was es sein könnte?«

Die Jungen lauschten eine Zeitlang, dann meinte Alexander: »Es hört sich nicht nach Wildschweinen an.«

»Wir wollen mal den Geräuschen nachgehen«, sagte Onkel Pawel. »Ich vermute, daß es Menschen sind. Wer weiß, wer uns hier entdeckt hat und vielleicht jetzt in der Dunkelheit etwas anstellen will.«

Die beiden Jungen erwiesen sich als sehr tapfer und waren bereit, mit Onkel Pawel zu gehen. Dieser konnte sich im Wald völlig geräuschlos bewegen. Kein Ästchen knisterte unter seinen Füßen. Die beiden Jungen bemühten sich, genauso zu gehen wie Onkel Pawel, und so konnte niemand sie entdecken. Sie gingen den Weg ein Stück weit in den Wald hinein und lauschten aufmerksam auf die Geräusche. Da hörten sie ganz deutlich, daß gesprochen wurde, die Worte aber konnten sie nicht verstehen.

»Das sind Menschen«, flüsterte Onkel Pawel, »Sie verhandeln über etwas, die Worte kann ich aber nicht verstehen. Jetzt gehen sie los und kommen in diese Richtung. Wenn es welche von den Unsrigen wären, würden sie auf keinen Fall solch einen Lärm machen und auch nicht zu dieser Nachtzeit kommen. Es sind also mindestens zwei Fremde. Man kann mit Sicherheit annehmen, daß sie nichts Gutes im Schilde führen. Ihr beide bleibt hier im Gras liegen, der eine an dieser, der andere an jener Seite des Pfades. Sollten die Banditen kommen, so faßt sie an den Beinen und versucht sie festzuhalten. Ich laufe jetzt schnell zurück, wecke vorsichtig die anderen Jungen und komme dann mit ihnen. Wir müssen es vermeiden, daß das ganze Lager aufgestört wird.«

Bei diesen Worten war es mit dem Heldenmut der beiden vorbei. »Aber Onkel Pawel, wir können hier doch nicht allein bleiben?« flüsterte Leonid aufgeregt.

»Ihr seid doch die 'Helden der Waldkirche', wie ihr euch immer nennt«, erinnerte sie Onkel Pawel. »Ich bleibe nicht alleine hier«, flüsterte nun auch Alexander, drehte sich um und ging zurück in Richtung Lager.

In diesem Moment waren die zwei »Banditen« ganz nahe an Onkel Pawel und Leonid herangekommen und Onkel Pawel hörte eine ihm bekannte Stimme sagen: »Heute werden wir ihnen allen einen gewaltigen Schreck einjagen! Das wird lustig aussehen, wenn sie alle aus den Zelten herausgelaufen kommen!«

»Wir müssen uns aber gut verstecken, damit man uns nicht entdeckt«, erwiderte eine andere Stimme.

»Nun, Viktor und Igor, wen wollt ihr denn erschrecken?« sagte Onkel Pawel ganz laut und vertrat den beiden den Weg. Jetzt war die Reihe an Viktor und Igor, zu erschrecken. Wie angewurzelt blieben sie stehen, als Onkel Pawel sie mit der Taschenlampe anleuchtete.

Alexander, der noch nicht so weit von den anderen weg war, vernahm noch die Worte von Onkel Pawel und merkte sofort, daß es Jungen aus dem Lager waren. Vor ihnen wollte er aber auf keinen Fall als Feigling dastehen. So überlegte er kurz, hob einen großen Stock auf, der gerade vor seinen Füßen lag, und eilte zurück.

»Ach, Alexander, ich dachte, du liegst schon unter der warmen Decke,« rief Onkel Pawel verwundert aus. »Ich wollte ja nur einen großen Stock holen«, rechtfertigte Alexander sein Weggehen.

Als sie wieder im Lager waren, sagte Onkel Pawel: »Jetzt geht ihr alle sofort schlafen. Über den Vorfall reden wir morgen noch.« Einige Kinder waren aber doch vom Lärm aufgewacht und bekamen die ganze Geschichte mit.

Alexej — einer vom »Bruderrat« —, der am nächsten Tag die Veranstaltungen zu organisieren hatte, rief alle nach dem Frühstück zusammen. Es sollte über den nächtlichen Vorfall gesprochen werden.

Nach dem Gebet sagte Alexej: »Ich möchte Viktor und Igor bitten, nach vorne zu kommen.« Mit langsamen Schritten gingen die beiden Nachtruhestörer nach vorne. Igor ließ seinen Kopf hängen; Viktor aber schien zeigen zu wollen, daß das Ganze ihm wenig ausmache — er schaute über die Köpfe der Versammelten hinweg. Doch sehr gut gelang ihm das nicht.

Alexej fragte: »Habt ihr überhaupt über euer Tun nachgedacht? Was hat euch bewogen, die Nachtruhe zu stören?«

»Nun, wir haben uns nicht viel dabei gedacht. Wir wollten euch nur erschrecken, weiter nichts,« sagte Igor mit leiser Stimme.

Da erhob sich ein Junge namens Grigorij aus der Gruppe der Älteren und sagte: »Ich glaube, die beiden haben kaum an andere gedacht, sie wollten nur mal IHREN Spaß haben. Wir alle wissen ja nur zu gut, daß wir, wenn wir von der Miliz entdeckt werden, den Ort verlassen müssen und daß Onkel Pawel und die Gruppenleiterinnen in Gefahr stehen, verhaftet zu werden. Onkel Pawel muß für die Sicherheit sorgen und deshalb finde ich es ganz richtig, daß er von uns erwartet, daß wir uns ruhig und ordentlich verhalten. Wieviel Sorgen habt ihr aber Onkel Pawel schon durch euer Tun bereitet!«

Alexej fuhr fort: »Zudem wißt ihr auch sehr gut, wie viele gefährliche Wildschweine es hier im Wald gibt. Und wenn euch etwas zugestossen wäre, wer hätte dann die Verantwortung tragen müssen?«

Dann wandte er sich an die Versammlung: »Ich schlage vor, daß wir Viktor und Igor für 'aussätzig' erklären, bis sie gründlich über ihr Tun nachgedacht haben und es ihnen wirklich leid tut.«

Nach einigem Diskutieren nahmen die Kinder Alexej's Vorschlag an und dieser sagte zu den beiden Jungen: »Ihr habt die Meinung aller Anwesenden gehört. Es tut uns allen sehr leid, daß ihr Onkel Pawel durch euer unbedachtes Verhalten so viel Sorgen bereitet habt. Ab heute erklären wir euch für 'aussätzig'. Im 3. Buch Mose Kapitel 13 lesen wir folgende Worte: 'Wer nun aussätzig ist ... soll unrein sein, allein wohnen, und seine Wohnung soll außerhalb des Lagers sein' (Verse 45, 46). Das heißt also, ihr dürft vorerst nicht an den

Während die Kinder Spiele veranstalten, sitzt der »Aussätziger« in der Nähe des Feuers und lernt einige Bibelverse auswendig.

Gottesdiensten, Ausflügen und Wettbewerben teilnehmen. Während des Essens müßt ihr abseits vom Tisch sitzen. Wenn ihr gründlich über euer Verhalten nachgedacht habt und es euch leid tut, so könnt ihr mit Onkel Pawel darüber sprechen und der wird entscheiden, ob man euch wieder in die Gemeinschaft aufnehmen kann.«

Besonders Viktor war über den Beschluß der Versammlung zuerst sehr aufgebracht; doch je mehr er darüber nachdachte, desto mehr sah er sein Unrecht ein. Sein Vater war auch mehrere Male in Haft gewesen und zur Zeit konnte er nicht frei zu Hause leben, weil ihm erneut eine Verhaftung drohte. So oft hatte Viktor in Gesprächen gehört, wie wichtig es sei, daß ein jeder von den Familienmitgliedern sich so verhält, daß er den Vater nicht in Gefahr bringt. Er dachte darüber nach, daß er durch den Lärm auch die Menschen im nicht weit entfernten Pionierlager hätte aufmerksam machen und dadurch das ganze Freizeitlager in Gefahr bringen können. Und was, wenn Onkel Pawel dadurch verhaftet worden wäre? Er wollte auf keinen Fall, daß sein Vater nochmal verhaftet werden sollte — und Onkel Pawel hatte ja auch viele Kinder. Überhaupt war Onkel Pawel immer so gut und liebevoll zu ihm trotz allem, was er schon angestellt hatte.

Als Viktor am nächsten Tag mit Onkel Pawel sprach, kam seine Bitte um Vergebung von ganzem Herzen. Und er hielt sein Versprechen, Onkel Pawel keine Sorgen mehr zu bereiten, bis zum Ende der Freizeit. Auch Igor versuchte seit jenem Tage, sich so zu verhalten, daß er Onkel Pawel nur Freude bereitete.

Die Küche

Ungefähr zehn Kilometer vom Freizeitlager entfernt lag eine kleine Stadt. Dort wohnte ein älteres gläubiges Ehepaar, das sein Haus der »Waldkirche« zur Verfügung gestellt hatte. Das Haus selbst war nicht groß, aber es befand sich in einer schönen Umgebung. Es war von hohen Bäumen umringt und im Vorgarten blühten viele Blumen.

Zwei junge Frauen, Galina und Vera, waren die Köchinnen der »Waldkirche«. Dort am Herd verbrachten sie ihren Urlaub. Da die Küche nicht groß und es draußen heiß war, war es drinnen oft viel zu warm. Wann immer es möglich war, wurden verschiedene Arbeiten (z.B. Kartoffelschälen und Gemüseputzen) nach draußen verlegt. Im Hof befand sich auch ein Brunnen, so daß man das Gemüse und Obst draußen waschen konnte.

Galina und Vera hatten alle Hände voll zu tun. Jeden Tag für ungefähr 60 Personen Frühstück, Mittag und Abendbrot vorzubereiten — das brauchte viel Zeit! Wie ausgefüllt der Tag von Galina und Vera war, kann man sich vorstellen, wenn man bedenkt, daß sie kaum Küchenmaschinen zur Verfügung hatten. Wenn sie zum Beispiel Borschtschsuppe kochten, so mußten sie den Weißkohl mit Messern zerkleinern, und das dauerte seine Zeit. Es gab auch keine Brotmaschine, sondern das Brot wurde ebenfalls mit Messern geschnitten.

Der Gasherd war auch nicht für solch große Kochtöpfe geeignet und so dauerte es lange, bis die Suppe fertig war. Da manche Lebensmittel oft nicht zu kaufen waren, mußten die Köchinnen viel Fleiß dransetzen, damit das Essen trotzdem gut schmeckte.

Benötigte man heißes Wasser, um etwas auszuspülen, mußte man das Wasser erst vom Brunnen holen und dann erhitzen. So war es nicht verwunderlich, daß Galina und Vera nach getaner Arbeit oft sehr müde waren; dennoch waren sie mit dieser Arbeit sehr zufrieden und immer freundlich.

Die Hausfrau, die von den Kindern »Oma« genannt wurde, half auch kräftig mit. Wenn das Essen fertig war, wurde es in verschiedene Gefäße verteilt; dann wurde alles in einen Motorrad-Beiwagen gestellt. Zweimal täglich fuhr Opa mit diesem Motorrad und vollgepackten Beiwagen in den Wald und brachte das Essen ins Lager. Be-

Es gibt in der Küche keine Brotmaschine und wegen der Hitze wird vieles draußen vorbereitet.

sonders schwierig war die Fahrt, wenn es geregnet hatte, weil der Weg dann nur noch eine einzige Schlammasse war. Um dann besser vorwärts zu kommen, spannte Opa eine Kette auf das Antriebsrad.

Opa war auch für die Besorgung von Lebensmitteln verantwortlich. Er war immer mit zwei Problemen konfrontiert: erstens waren viele Lebensmittel einfach nicht zu bekommen oder es wurden nur bestimmte Mengen davon verkauft (oft konnte eine Person nicht mehr als zwei Brote kaufen, vom Fleisch bekam man nur 1 kg, von Butter nur 500 gr); zweitens durfte Opa mit keiner Silbe verraten, daß er für ein christliches Freizeitlager Lebensmittel einkaufte.

Da in den Geschäften des Städtchens weder Fleisch noch Wurst, ja nicht einmal Fleischkonserven zu bekommen waren, versuchte man wenigstens Fleischkonserven in anderen Städten zu ergattern, was denn auch Hunderte von Kilometern entfernt gelang. Regelmäßig kam ein Auto aus einer ungefähr 100 km entfernten Stadt und versorgte die »Waldkirche« mit Obst und Gemüse.

Wenn Opa in den Laden kam, entwickelte sich am Anfang fast immer das gleiche Gespräch mit der Verkäuferin:

»Ich möchte fünfzehn Brote haben.«

»Wofür brauchen Sie so viel?«

»Für die Kinder.«

»Ja, wieviel Kinder haben Sie denn?«

»O, viele, ich habe eine große Familie — fünfzig bis sechzig Kinder.«

»Ach so, es ist ein Kinderlager (es war ja bekannt, daß es in jener Gegend einige Freizeitlager der »Pioniere« gab)! Werdet ihr denn nicht mit Lebensmitteln beliefert?«

»Zwischendurch schon, aber jetzt brauche ich Brot.«

»Nun gut, hier haben Sie das Brot.«

»Ich brauche noch fünf Kilo Butter.«

»Ja, das ist etwas schwieriger. Aber für ein Freizeitlager müssen wir die Butter wohl oder übel hergeben. Was brauchen Sie denn noch?«

Nach einigen Tagen gewöhnten sich die Verkäuferinnen an den älteren Mann, der immer so viel einkaufte. Opa hatte eine Art, mit den Menschen immer freundlich zu sprechen, und so genoß er das Wohlwollen der Verkäuferinnen und keine fragte, was es eigentlich für ein Freizeitlager war.

So geschah es bald, daß, wenn Opa in den Laden kam, die Verkäuferinnen ihn baten, zum hinteren Eingang zu kommen — wo die gewöhnlichen Käufer nicht hinkamen — und dort die Lebensmittel in Empfang zu nehmen. Dann sagten sie ihm oft: »Vom Quark können wir Ihnen heute nichts geben, daran vergiften sich die Kinder nur! Nehmen Sie lieber etwas anderes!« Vor all den Menschen im Geschäft konnten sie dies natürlich nicht sagen — schließlich mußten sie die Waren auch loswerden.

Trotzdem geschah es einige Male, daß Opa ohne Lebensmittel zurückkam: es war einfach nichts mehr da im Laden. Die Kinder brauchten aber nicht zu hungern, denn es fand sich immer ein Ausweg. Die Kinder vergaßen nie, in ihren Gebeten auch für Opa, seine Frau und die Köchinnen zu beten.

Wenn die Kinder nur das Brummen des Motorrades hörten, ließen sie alles stehen und liegen und liefen Opa entgegen. Kaum war er angekommen, so war er meistens schon von allen Seiten umringt. Ein jeder wollte mit ihm eine Runde auf dem Motorrad drehen.

Eines Tages, als Michail Iwanowitsch wieder einmal zu Besuch im

Lager war, rief er nach dem Mittagessen alle Kinder zusammen, um mit ihnen eine freie Unterhaltung zu führen. Die Kinder saßen alle im Gras und jedes durfte die Fragen stellen, die es gerade bewegten.

Katja beobachtete indessen aufmerksam, wie Opa sich abmühte, das Motorrad in Gang zu bringen. Plötzkich fragte sie Michail Iwanowitsch: »Sagen Sie mal, warum ist unser Opa eigentlich so gut zu uns?«

«Diese Frage muß Opa uns selber beantworten!« sagte Michail Iwanowitsch. Nach diesen Worten ging er zu Opa hinüber und fragte ihn, ob er noch eine halbe Stunde Zeit für die Kinder hätte — in der Zwischenzeit werde er das Motorrad fahrbereit machen.

Opa lächelte: »Mit Kindern länger zusammen zu sein ist für mich nie langweilig! Was habt ihr denn vor?«

Er wurde in den Kreis der Kinder geführt und Michail Iwanowitsch sagte: »Die Kinder möchten gerne wissen, warum Sie so gut zu ihnen sind.«

Opa schaute sie verwundert an; es war zu merken, daß diese Frage ihn berührte. Er schwieg eine Zeitlang, dann begann er zu erzählen:

»Liebe Kinder, ich war nicht immer so. Ich war zwar von meinen frühen Jahren an orthodox, aber Gott und seine Gebote kannte ich nicht. Als der Krieg ausbrach, mußte auch ich zur Front. Eines Tages, als wir in den Gräben lagen, ging es sehr heiß zu. Es wurd mir immer deutlicher, daß, wenn das so weiterging, niemand von uns lebend da herauskommen würde. Da dachte ich an meine Frau und meine Kinder. Ich liebte die Kinder und so betete ich zu Gott: 'Herr, ich weiß nicht, ob meine Kinder noch am Leben sind oder nicht. Du weißt, ich liebe die Kinder so sehr. Wenn Du mich am Leben erhältst, so will ich Dir dienen und den Kindern mein weiteres Leben weihen.'

Ich wußte nicht viel von Gott, doch ich glaubte, daß Er da war. An jenem Abend wurde ich verwundet und man brachte mich ins Lazarett. Als ich wieder genesen war, war auch der Krieg zu Ende.

Ich kam nach Hause und führte eine Zeitlang wieder das gottlose Leben. Die Gefühle, die ich angesichts der Todesgefahren im Krieg hatte, schienen vergessen zu sein. Ebeno leicht schien dies mit meinem Versprechen an Gott der Fall zu sein.

In unserem Dorf gab es zu der Zeit eine kleine Christengemeinde, die sonntags ihre Zusammenkünfte hatte. Es wurde Verschiedenens

Das Küchenpersonal deckt den Tisch (1988).

über sie verbreitet, weil sie sich in ihren Wohnungen versammelten. Einige behaupeteten sogar, daß die 'Sektierer' (so wurden die Christen genannt) ihrem Gott ihre eigenen Kinder opferten. Dies war zu viel für mich und ich beschloß, mich selbst davon zu überzeugen, wieviel Wahrheit an diesem Gerede war.

Bei meinem ersten Gottesdienstbesuch verschwand mein ganzes Mißtrauen gegenüber diesen Menschen. Ich erzählte zu Hause meiner Frau von diesen merkwürdigen, freundlichen Christen. Sie wünschte beim nächsten Mal mitzugehen, auch unsere Tochter kam mit. Es dauerte nicht lange, da bekehrte sich eines Tages zuerst unsere Tochter zum Herrn, dann meine Frau und endlich fand auch ich Frieden mit Gott.

Sehr oft hatte ich an mein früheres Versprechen gedacht und überlegt, wann und wie ich es wohl einlösen könnte. Ich sah irgendwie keine besondere Aufgabe im direkten Dienst an Kindern. Wenn ich sehr unruhig darüber wurde, dann beruhigte der Herr mich immer wieder durch sein Wort: 'Es wird noch die Zeit kommen.'

Als die Brüder mir vor zwei Jahren vorschlugen, mein Haus für den Dienst an Kindern zur Verfügung zu stellen, sah ich darin Gottes Führung und war sehr froh darüber. So versuche ich nun, euch zu dienen, und es fällt mir nicht schwer, denn ich werde selber dadurch sehr gesegnet und eure Liebe zu mir macht mir große Freude.

Also vor 30 Jahren schon begann der Herr mich für den Dienst in der 'Waldkirche' vorzubereiten. Wie wunderbar sind doch Gottes Wege! Kinder, wir wollen dem Herrn ein herzliches Dankeschön für jenen Tag sagen, an dem Er mein Gebet erhörte.«

Alle knieten nieder und dankten Gott in ihren Gebeten für den lieben Opa.

Durch Michail Iwanowitsch hatten die Kinder neun Bilder bekommen, die man aus dem Westen herübergebracht hatte. Diese Bilder sollten sie jemandem schenken, der sich durch irgendeine gute Tat besonders ausgezeichnet hatte.

Sweta meldete sich nach dem Gebet: »Ich schlage vor, unserem Opa ein Bild zu schenken.«

»Wer ist dafür?« fragte Onkel Pawel und alle Hände gingen in die Höhe.

Sweta nahm ein Bild, das Jesus am Kreuz hängend darstellte, und sagte:

»Lieber Opa, in Ihrem Hause wird für uns gekocht und es ist dort sehr eng und heiß. Sie sind oft müde vom Laufen durch die Geschäfte und vom Einkaufen. Deshalb, wenn es Ihnen schwer fällt, dies zu bewältigen, schauen Sie auf Jesus, der am Kreuz solch große Qualen ertrug, und es wird Ihnen bestimmt besser gehen.«

Opa war tief beeindruckt von dieser Aufmerksamkeit seitens der Kinder (ein derartiges Bild zu besitzen ist für viele Christen in der UdSSR ein schöner Traum — und hier schenkten die Kinder ihm solch ein Bild!) und bedankte sich sehr herzlich.

Eine Reise nach »Jerusalem«

In der Nacht von Samstag auf Sonntag herrschte nie Ruhe in Opas Hause. Schon um drei Uhr morgens standen die Köchinnen am Herd und bereiteten das Mittag- und Abendessen für Sonntag vor. Bis neun Uhr mußte alles fertig sein. Dann fuhren sie zusammen mit Opa in den Wald und waren den ganzen Tag mit den Kindern zusammen. Dies war ihr Ruhetag — wenn man ihn so nennen durfte.

Nach dem gemeinsamen Frühstück mit den Kindern verbrachten sie den Sonntag gewöhnlich mit verschiedenen Spielen, Gesprächen und Gottesdienst im Wald.

So war es auch an einem schönen sonnigen Sonntag im Juli. Alle waren frühzeitig wach und freuten sich auf die bevorstehende Wanderung. Nur die älteren Jungen kannten das Programm des Tages; umso neugieriger waren alle anderen.

Pünktlich um neun Uhr stand das Frühstück auf dem Tisch. Die Sonnenstrahlen schienen durch die Baumwipfel, und weil der leichte Wind mit den Blättern spielte, gab es auf dem Tisch und in den Gesichtern der Kinder ein beständiges Sonnenkringelspiel. Die vielen Vögel bildeten gewissermaßen einen »Waldchor« und wurden so laut, daß die Kinder — von ihrem Gezwitscher angesteckt — nach der Mahlzeit erst noch einige Lieder sangen, bevor sie das Dankgebet sprachen.

Onkel Pawel ging am Tisch entlang und mußte zwischendurch über den Eifer der Kinder beim Singen lächeln. Es war immer das gleiche: so sehr er sich auch bemühte, den Kindern beizubringen, daß sie nicht so laut singen dürften, es half nichts! Die Kinder waren der Meinung: wenn man singt, muß man auch richtig laut singen, sonst ist es kein Singen! Sie waren fest davon überzeugt, daß sie mit ihren Liedern Gott verherrlichten und Er sie auch beschützen würde, so daß keiner, der ihnen schaden wollte, ihr Singen hören könnte. Es waren zumeist neu eingeübte Lieder, die den Kindern sehr gefielen. Nina hatte schon einige Jahre lang Musikschulunterricht und zudem eine besondere musikalische Begabung. Jede Woche veranstaltete sie Übungsstunden und die meisten Kinder nahmen gern daran teil. Zwischendurch gab sie einigen Interessierten auch Unterricht im Akkordeonspielen und es war oft rührend anzusehen, wie einige besonders hartnäckige Jungen geduldig die Übungen wieder-

Die Kinder singen leidenschaftlich gern!

holten und wie sie sich freuten, wenn sie ein Lied richtig spielen konnten!

Nach dem Dankgebet sagte Onkel Pawel: »Jetzt schnell die Tische abräumen! Und dann geht's in den Wald hinein!«

Es dauerte auch nicht lange, so waren alle marschbereit und eine spannungsvolle Stille kehrte ein. Als die Ungeduld ihren Höhepunkt erreichte, wandte sich Onkel Pawel an die miteinander flüsternden Kinder: »Der erste Teil unseres Weges ist nicht lang. Nach ungefähr 10-12 Minuten erreichen wir eine Waldwiese, wo das Weitere erklärt wird. Und jetzt los!«

Diejenigen, die den Weg bereits kannten, gingen voraus und die anderen folgten ihnen. Einige wenige blieben als Wächter im Lager zurück und wünschten den Kindern viel Glück.

Am verabredeten Ort angekommen, wandte sich Onkel Pawel wieder an alle: »Kinder, viele von euch haben wahrscheinlich das Buch 'Die Pilgerreise' von John Bunyan gelesen oder davon gehört. In diesem Buch wird das Leben eines Menschen beschrieben, der sich aus der Stadt 'Zerstörung' auf den Weg in das 'himmlische Jerusalem' machte. Auf diesem Weg begegneten ihm sehr viele Hindernisse und Schwierigkeiten; oft versuchte man dem Christen klarzumachen, wie unsinnig sein Vorhaben sei, aber er ging weiter, bis er sein Ziel, die himmlische Heimat, erreichte.

Heute wollen auch wir eine 'Reise' ins himmlische Jerusalem machen. Seid bitte während der Wanderung sehr aufmerksam. Auf dem Weg werdet ihr ganz verschiedenen Versuchungen begegnen, laßt euch aber nicht verführen! Achtet aufmerksam auf die Bibelverse, die ihr unterwegs entdecken werdet, und folgt ihren Anweisungen.

Bis ans Ziel gelangen nur diejenigen, die wirklich sorgfältig achtgeben werden. Denkt daran, daß es Vergebung nur beim Kreuz Jesu gibt; so ist es auch hier in diesem Spiel. Es hat heute nacht geregnet, darum paßt auf, denn der Weg ist nicht immer eben. Folgt stets diesem roten Pfeil nach.« Dabei zeigte Onkel Pawel einen aus dickem Papier ausgeschnittenen roten Pfeil. »Folgt nicht den falschen Pfeilen. Jetzt werden wir zusammen beten, und dann gehen die zwei ersten los.«

Als erste gingen Andrej und sein Freund Pjotr; als sie außer Sicht waren, gingen die nächsten zwei. So mußte jeder selber entscheiden, wie er gehen sollte, und konnte sich nicht auf seine Vorgänger verlassen.

Walja und Natascha warteten ungeduldig, bis sie an die Reihe kamen. Jede von ihnen hatte sich einen Stock im Wald gesucht, um so manche Hindernisse besser bewältigen zu können. Die beiden Mädchen dachten zunächst gar nicht so sehr an die Hindernisse, die ihnen begegnen würden — sie waren einfach neugierig, wer bis zum Ziel kommen würde. Walja meinte: »Ich habe zwar noch nie solch eine 'Reise' mitgemacht, aber irgendwie finde ich es nicht schwer, ans Ziel zu kommen.«

Endlich waren sie dran; Tante Vera schaute die beiden Mädchen lächelnd an, nahm aus einer Dose zwei aus weißem Kartonpapier ausgeschnittene Herzen und heftete sie Walja und Natascha an die Brust. Jetzt konnten sie deutlich sehen, was für ein Zeichen auf der linken Brustseite der vorangegangenen 'Pilger' angeheftet gewesen war. Auf dem Pappherzen stand groß »ICH«. Als die Mädchen einander fragend anschauten, meinte Tante Vera: »Auf dem Wege werdet ihr schon wissen, was damit zu tun ist. Achtet nur genau auf alle Hinweise, die ihr unterwegs finden werdet.«

Walja und Natascha faßten sich bei den Händen und gingen los.

Allmählich wurde der Pfad, auf dem sie gingen, immer schmaler. An einer Stelle führte er über einen Hügel mit sehr steilen Abhängen und einen Moment lang waren sie unsicher; aber dann entschieden sie sich doch lieber dafür, den schmalen Pfad weiterzugehen. Nach ungefähr fünf Minuten hörten sie leise Musik und als der Pfad eine Linkskurve machte, blieben sie stehen. Vor ihnen lag eine kleine Lichtung, in deren Mitte ein hölzernes Kreuz aufgerichtet war. Unter dem Kreuz lag auf einem Stein eine aufgeschlagene Bibel.

Es war ganz still, nur die Musik war zu hören, und dies versetzte die Mädchen irgendwie in eine feierliche Stimmung. Stumm gingen sie zum Kreuz. Da sahen sie, daß in der Bibel ein Vers unterstrichen war. Sie beugten sich nieder und lasen: »Aber Er ist um unsrer Missetat willen verwundet und um unsrer Sünde willen zerschlagen. Die Strafe liegt auf ihm, auf daß wir Frieden hätten, und durch seine Wunden sind wir geheilt.« Unter der Bibel lag ein Zettel mit den großgeschriebenen Worten: »Und nicht mehr lebe ich, sondern Christus lebt in mir. (Handelt diesen Worten entsprechend!)«

Die Mädchen schauten einander an, was dies zu bedeuten habe. Plötzlich begriff Walja, indem ihr Blick auf das Zeichen an Nataschas Brust fiel: »Das 'ICH' muß weg!«

»Sollte man es hier lassen?« meinte Natascha, während ihre Hände die Stecknadel aus dem Pappherzen herauszogen. Sie drehte es in ihrer Hand um — und da sahen beide, daß auf der Rückseite ein großes »ER« stand. »So muß es sein,« freute sich Walja, indem auch sie ihr Zeichen umdrehte und erneut bei sich befestigte.

Einige hundert Meter weiter sahen sie zwischen den Bäumen eine aufgerichtete Pforte und daneben jemanden stehen, der mit Schwert und Schild bewaffnet war und auf dem Kopf einen Helm trug. Beim Näherkommen erkannten sie in ihm Leonid. Dieser schaute die sich nähernden Mädchen zuerst nörglerisch an, sah dann aber das große »ER« bei beiden und sagte bestimmt: »Nur mit Jesus im Herzen dürft ihr durch die schmale Pforte gehen. Mein Name ist 'Glaube'. Ich möchte euch für den weiteren Weg noch einige Ratschläge mitgeben: Seid vorsichtig, laßt euch nicht verführen. Solltet ihr euch aber irgendwo irren, so vergeßt nicht: Am Kreuze ist immer Vergebung! Ich gebe jeder von euch eine Karte mit, die dürft ihr nicht verlieren. Ihr werdet sie besonders am Ende des Weges benötigen. Und nun: Gott mit euch!«

Tante Ljuba (2. Reihe, Mitte) mit den älteren Mädchen der »Wald-kirche«.

Walja und Natascha schauten ihre Karten an. Da stand: »Errettet durch Gnade.« Nacheinander drängten sich die beiden durch die schmale Pforte und dann ging's wieder durch den Wald. Da es in der Nacht geregnet hatte, war es an manchen Stellen sehr schwer durchzukommen, ohne sich schmutzig zu machen. Nach einiger Zeit kamen sie zu einer Kreuzung. Wohin jetzt: links, rechts oder geradeaus? Sie schauten sich die Bäume an, sie sahen gelbe, blaue und grüne Pfeile, aber keinen roten. Was tun? Da durchfuhr es Walja: »Ja, wenn hier kein roter Pfeil ist, dann heißt es bestimmt: die Richtung nicht ändern! Oder?«

Natascha war einverstanden und so marschierten sie weiter. Sie waren noch nicht weit gegangen, als sich ihnen ein Junge namens Iwan aus der Gruppe der Älteren eilig näherte. »O, Natascha, Walja, guten Tag!«

«Guten Tag«, erwiderten diese. Sie hatten Iwan an diesem Morgen noch nicht gesehen und waren froh, daß sie ihn trafen. Iwan kannte sich im Wald gut aus und vor allen Dingen konnte man sich immer auf ihn verlassen; was er sagte, das tat er auch.

Iwan war auch froh, in Gesellschaft weitergehen zu können, und fragte: »Seid ihr überall gut durchgekommen?«

»Bis jetzt ja.«

»Habt ihr auch die Glaubenspforte durchquert?«

»O ja, Leonid gab uns noch einige Ratschläge mit auf den Weg.«

»Ja, der Weg ist heute nicht gut. Wenn es nur gestern nicht geregnet hätte! Jetzt sind so manche Pfade sehr schwer zu passieren. Schaut mal da vorne die Kreuzung, wie wüst sie aussieht! Ein Baum hat den Weg versperrt, überall liegen Steine. Das Schlimmste aber ist, daß der Wind die Pfeile von den Bäumen gerissen hat! Und neue Pfeile sind nicht da. Jetzt muß ich hier auf die Wanderer aufpassen und ihnen den Weg zeigen, damit sie nicht alle in die Irre gehen. Ich hoffe nur, daß der Weg dahinter besser ist!«

An der Kreuzung angekommen, sagte Iwan: »Wenn ihr hier rechts geht, findet ihr nach ungefähr hundert Metern einen Baum, da steht der weitere Weg geschrieben. Und nun, gute Reise!«

Wie froh waren Walja und Natascha, daß sie nicht über den schmutzigen Haufen von Steinen und Bäumen klettern mußten!

»Wie gut, daß Iwan uns den Weg gezeigt hat! Man kann sich hier im Wald so schnell verirren«, meinte Walja. Beiden Mädchen kam es gar nicht in den Sinn, an der Kreuzung nach den roten Pfeilen zu suchen — Iwan war doch mit ihnen! So bogen sie ruhig in die von ihm gezeigte Richtung ab.

Ein paar Hundert Meter weiter sahen sie in der Ferne einen Baum, an dem ein Plakat befestigt war. Schnell eilten sie dorthin, um die Beschreibung für den weiteren Weg zu lesen. Wie angewurzelt blieben sie stehen und lasen die Worte immer wieder, als ob sie diese nicht verstehen könnten. Auf dem Plakat stand: »So spricht der Herr: Tretet auf die Wege und schauet und fraget nach den vorigen Wegen, welches der gute Weg sei, und wandelt darin, so werdet ihr Ruhe finden für eure Seelen« (Jer. 6, 16).

»Welches der gute Weg sei«, sprach Walja wie zu sich selbst, dann wandte sie sich an Natascha: »Wir gehen falsch! Iwan hat uns auf die falsche Fährte gelockt, und wie froh folgten wir ihm! Ich kann es nicht verstehen, wieso wir uns so leicht verführen ließen, wo wir doch am Anfang so sicher waren, daß wir zum Ziel kommen würden! Wir haben den leichteren Weg gewählt und nun sind wir hier.«

»Ja, ihr habt euch geirrt,« hörten die Mädchen plötzlich die Stimme von Andrej. »Bitte gebt mir eure Karten, ich muß einen Vermerk über eure Abweichung darauf machen.«

Traurig reichten die beiden ihm ihre Karten; er schrieb ein Wort darauf und gab ihnen die Karten zurück mit den Worten: »Es ist aber noch nicht alles verloren, noch ist der Fehler zu berichtigen. Seid vorsichtig und denkt an die mitgegebenen Geleitworte!«

Die Mädchen bedankten sich für die Ermutigung. »Laßt uns zur Kreuzung zurückgehen, und dann hören wir auf niemanden mehr«, beschloß Natascha.

Sie kehrten um und beeilten sich, auf den richtigen Weg zu kommen. In der Nähe der Kreuzung sahen sie Iwan, der mit einigen sprach; aber sie achteten nicht mehr auf ihn, sondern gingen jetzt den anderen Weg weiter. Zwar mußten sie sich durch den Windbruch zwängen, doch ab und zu konnten sie an den Baumstämmen die roten Pfeile sehen und das ermutigte sie immer wieder, in dieser Richtung weiterzugehen. Leider hatten Walja und Natascha Leonid's Worte vergessen: »Wenn ihr der Versuchung erliegt, denkt daran, daß am Kreuz Vergebung ist.«

Die beiden Mädchen beschlossen, von nun an aufmerksamer zu sein. Kurze Zeit später kamen sie wieder zu einer Kreuzung und sahen dort Tante Ljuba an einem Baum stehen. An diesem war ein Plakat befestigt: »Über alles aber ziehet an die Liebe, die da ist das Band der Vollkommenheit« (Kol. 3, 14).

Tante Ljuba sprach zu ihnen: »Ich heiße 'Liebe' und möchte euch den weiteren Weg erklären.«

Mißtrauisch schauten Walja und Natascha sie an — sie dachten an Iwan. Doch Tante Ljuba redete weiter: »Lest erst diesen Vers aus der Bibel, dann könnt ihr feststellen, ob man mir trauen kann oder nicht. Und danach zeige ich euch den Weg.«

Sie reichte Walja und Natascha die aufgeschlagene Bibel und diese lasen: »Die Liebe tut dem Nächsten nichts Böses...« Walja und Natascha schauten einander und dann Tante Ljuba an. Diese sagte: »Jetzt geht ihr hier rechts und dann immer geradeaus. Seid vorsichtig gegenüber denen, die euch begegnen werden! Hört nicht auf jeden! Von der nächsten Biegung an werden die roten Pfeile euch weiterführen. Und nun Gott befohlen!«

Walja und Natascha gingen weiter. Es war schwer zu gehen, der Pfad war naß und dazu mit verwelkten Blättern bedeckt. Immer wieder rutschte die eine oder die andere aus. »Eigentlich habe ich schon Hunger«, sagte Walja nach einer Weile.

Einige Kinder stillen ihren Hunger am »Markt der Eitelkeiten«.

»Ich habe heute schlecht gefrühstückt, weil ich zu aufgeregt war, und jetzt würde ich zu gerne etwas essen.«

»Ja, wir sind bestimmt schon zwei Stunden unterwegs. Ich würde auch gern etwas essen. Zudem bin ich schon müde«, erwiderte Natascha.

Unterdessen machte der Pfad eine Biegung — und erstaunt blieben die beiden Mädchen stehen. Solche umgehenden Wunscherfüllungen konnte es doch nur in Märchen geben: vor ihnen befand sich ein reich gedeckter Tisch! Tante Lydia stand daneben und sagte froh: »Ach, Walja und Natascha, wie gut, daß ihr kommt! Da habe ich ja Gesellschaft! Ich möchte nämlich nicht allein essen. Es gibt hier so herrliche Dinge!« Auf dem Tisch lagen Wassermelonen, Äpfel, Tomaten, Gurken, Brot und verschiedenes anderes, was man normalerweise nur bei festlichen Anlässen zu sehen bekam.

Im ersten Moment wollte Walja zugreifen, doch Natascha packte Walja's ausgestreckte Hand: »Schau dich doch mal um!« Walja zuckte zusammen. Wegen des verführerischen Tisches, der keine Gefahr zu sein schien, hatte sie nicht auf das andere auf dieser Wiese geachtet. Es war ein buntes Durcheinander: an zwischen den Bäumen ausgespannten Wäscheleinen waren bunte Zeitschriften befestigt, auf einer Decke am Boden lagen verschiedene Bücher und Kassetten verstreut. Der Kassettenrekorder spielte eine lustige Melodie; daneben lag eine Gittarre. Zwischen alledem sahen sie Wladimir. Er sprach sie sofort an: »Wollt ihr nicht näher kommen und euch die Bücher anschauen? Ich habe sehr interessante dabei, es lohnt sich!«

Walja und Natascha lasen beide sehr gerne Bücher — aber hier wollten sie auf keinen Fall der Versuchung erliegen. Plötzlich schoß es Walja wie ein Blitz durch den Kopf: »Das ist der 'Markt der Eitelkeiten'! Und der schön gedeckte Tisch gehört auch dazu. Hier also ließen sich einige verlocken, denen wir begegneten, während sie traurig zurückgingen!«

Schnell faßte sie Natascha an der Hand und sagte: »Komm, laß uns weitergehen. Wir dürfen hier nicht stehenbleiben.«

Natascha war der gleichen Meinung und sie eilten davon. Lächelnd schaute Tante Lydia ihnen nach. Sie wußte, daß die Mädchen Hunger hatten, doch sie freute sich, daß sie der Versuchung widerstanden hatten. Walja und Natascha waren noch nicht weit gegangen, da trafen sie Sergej. Er begrüßte sie freundlich und sagte: »Ihr seid standhaft geblieben bei der größten Versuchung, obwohl ihr bestimmt müde und hungrig wart. Ich lade euch ein, ein wenig zu rasten und euch zu stärken.«

Die Mädchen betraten eine kleine Lichtung und sahen einige hölzerne Bänke und ein kleiner Tisch. Auf diesem stand eine Kanne mit Wasser und daneben lag schwarzes Brot. Mit einigem Mißtrauen schauten die Mädchen Sergej an, aber sie beruhigten sich, als er sagte: »Es gibt hier zwar nicht viel, nur Brot und Wasser, aber ihr kennt bestimmt den Bibelvers: 'Der Mensch lebt nicht vom Brot allein, sondern von einem jeglichen Wort, das durch den Mund Gottes geht.' Ruht euch ein wenig aus, dann zeige ich euch den Weg.«

Nachdem die beiden Mädchen sich etwas ausgeruht hatten, zeigte Sergej ihnen den weiteren Weg. Auf der linken Seite der Lichtung begann ein sehr schmaler Pfad, der kaum zu sehen war. Diesem sollten sie folgen und dabei genau auf die Pfeile achtgeben.

Walja und Natascha bedankten sich und gingen weiter. Der Pfad wurde immer gefährlicher, neben ihm rauschte ein Bach. Immer wieder glitten sie aus; die Schuhe und Füße waren schon ganz schmutzig. Mal mußten sie über Baumstämme klettern, mal unter ihnen hindurchkriechen. Dies mußte der schlimmste Abschnitt des

Weges sein, doch sie wollten unbedingt das Ziel erreichen. Als sie zu einer Stelle kamen, wo sie über den Bach springen mußten, blieben sie stehen. Walja hatte Angst zu springen, aber der Pfad ging auf der anderen Seite weiter — sie mußten hinüber. Während sie sich noch besprachen, wie dies am besten zu bewerkstelligen sei, sahen sie jemanden zwischen den Bäumen — und im nächsten Moment stand Grigorij vor ihnen. Er hielt in jeder Hand ein hölzernes Schwert und sagte: »Wenn ihr hier weitergeht, trefft ihr einen Riesen. Wie wollt ihr gegen ihn bestehen? Hier habt ihr etwas, womit ihr gut kämpfen könnt.« Damit versuchte er jedem der Mädchen ein Schwert in die Hand zu drücken.

Diese wußten zwar nicht, wie sich verhalten sollten, aber irgendwie spürten sie, daß sie die Schwerter nicht annehmen dürften. Grigorij ließ nicht locker und dadurch wurden seine Überredungsversuche umso verdächtiger. Da sprang Natascha über den Bach. Walja sprang hinterher — doch sie hatte weniger Glück als Natascha und landete mitten im Bach, wo es nicht so viel Wasser, aber genug Schlamm gab. Schnell half Natascha ihr heraus und so kam auch Walja auf die andere Seite. Wie sah sie aber aus!

Am anderen Ufer war Sand und es ging sich etwas leichter. Nach einigen Minuten sahen sie an einem Baum ein Plakat. Sie traten näher und lasen: »Nimm und lies.« Unter diesen Worten war eine Papiertasche befestigt, in der Blätter lagen. Jede der beiden zog ein Blatt heraus und las: »Und nehmet das Schwert des Geistes, welches ist das Wort Gottes« (Eph. 6, 17).

»Siehst du, das Wort Gottes ist das richtige Schwert, das wir nehmen und womit wir streiten sollen!« sagte Natascha zu Walja.

»Wie gut, daß wir die hölzernen Schwerter nicht genommen haben«, stimmte diese erleichtert zu.

Sie gingen weiter, doch nach einigen Minuten stockten sie. An einen großen Baum gelehnt stand ein Riese von zwei Meter Höhe — mit Helm, Schild und Schwert. Sie hatten ihn in der Dunkelheit des Waldes nicht sofort gesehen und erschraken, als sie ihn so unmittelbar vor sich erblickten. Schnell wollten sie an ihm vorbei, doch da versperrte jemand anderer ihnen mit dem Schwert den Weg. Erst als der Riese zu sprechen bagann, erkannten sie an der Stimme, daß es Pjotr — auch einer vom »Bruderrat« der Waldkirche — war und sie beruhigten sich etwas.

An einen großen Baum gelehnt, steht ein Riese...

»Wie wollt ihr mit mir kämpfen? Ihr habt ja keine Waffen! Ohne Kampf kommt ihr hier nicht durch, das versichere ich euch!«

Walja antwortete schnell: »Unser Schwert ist das Wort Gottes, damit werden wir kämpfen.«

»Gut, so antwortet. Was sprach David zu Goliath, als dieser mit ihm kämpfen wollte?«

»Du kommst zu mir mit Schwert, Spieß und Schild; ich aber komme zu dir im Namen des Herrn Zebaoth, des Gottes des Heeres Israels, das du verhöhnt hast«, antwortete Natascha.

»Gegen den Namen Gottes kann ich nicht kämpfen. Ihr könnt weitergehen«, sagte der Riese. Sein Helfer, der bis jetzt schweigend mit dem Schwert den Weg versperrt hatte, trat zur Seite.

Obwohl die beiden Mädchen Pjotr erkannt hatten, atmeten sie doch auf, als sie aus seiner Nähe waren. Es dauerte nicht lange, so kamen sie auf eine Lichtung. Hier sahen sie schon einige Kinder sitzen und Onkel Pawel kam ihnen freudig entgegen: »Gut, daß ihr da seid. Ruht euch aus, bis alle hier sind, und dann gehen wir gemeinsam das letzte Wegstück bis zum Ziel. Ihr könnt Tante Anna eure Karten übergeben und dann werdet ihr das Weitere erfahren.«

Walja und Natascha setzten sich zu den anderen und dann sangen sie zusammen noch einige Lieder, bis alle am Sammelpunkt angekommen waren.

»Jetzt gehen wir alle zusammen noch ein Stückchen weiter in den Wald hinein und dann sind wir am Ziel«, sagte Onkel Pawel, und so zogen sie los. Nach ungefähr fünf Minuten kamen sie zu einer Lichtung, an deren Eingang zwischen den Bäumen ein Plakat angebunden war, auf welchem zu lesen stand: »Herzlich willkommen!«

Onkel Pawel wandte sich an alle Kinder: »Stellt euch hier im Kreis auf, damit alle hören können, was gesprochen wird. Nicht jeder wird unter dem Einladungsplakat hindurchgehen dürfen, sondern nur diejenigen, deren Namen gleich vorgelesen werden. Ich lese zuerst einen Bibelvers, der in Offenbarung 12, 11 geschrieben steht: 'Und sie haben den Satan überwunden durch des Lammes Blut und durch das Wort ihres Zeugnisses und haben ihr Leben nicht geliebt bis in den Tod.' Auch ihr habt heute so manche Schwierigkeiten bewältigen und auf einiges verzichten müssen. Ihr wart versucht, leichtere Wege zu wählen, an weltlichen Lüsten Gefallen zu finden, unbiblische Kampfmethoden zu gebrauchen. Jetzt werde ich diejenigen nennen, die wirklich überall richtig gegangen sind und sich nirgends haben verführen lassen. Leider sind es nur wenige.«

Onkel Pawel nannte Nikolaj, Katja, Lisa, David und noch einige andere. Diese wurden dann von Tante Anna willkommen geheißen und durften die Lichtung betreten. Es stellte sich heraus, daß ungefähr nur ein Viertel aller Kinder auf die Lichtung eingeladen wurde. Auch die Namen von Walja und Natascha wurden zu ihrem Schrecken nicht vorgelesen und die beiden waren zuerst gar nicht mit diesem Urteil einverstanden — schließlich waren sie ja umgekehrt und hatten wieder den richtigen Weg eingeschlagen! Doch dann hörten sie Onkel Pawel sagen: »Nicht alle, deren Namen ich soeben vorgelesen habe, waren den Weg ohne jegliche Abweichung gegangen. Aber sie haben dann ihre nächsten Schritte richtig überlegt. Die meisten von euch haben wahrscheinlich vergessen, daß nur am Kreuz Vergebung zu finden ist. Nachdem ihr erkannt habt, daß ihr auf dem falschen Wege wart, seid ihr umgekehrt — aber nicht zum Kreuz, sondern nur bis zu der Stelle, wo wo ihr vom richtigen Weg abgekommen wart, und dann sofort weitergegangen. Doch nur beim Kreuz konntet ihr die Fehlervermerke ausstreichen lassen. Jetzt sind eure Karten zu Zeugen wider euch geworden. So ist es auch im Leben oft: wir sehen ein, daß wir falsch gehandelt haben, aber Gott und die Menschen um Vergebung bitten — das mögen wir nicht. Wir versuchen aus eigener Kraft unser Leben in Ordnung zu bringen, und oft gelingt es auch eine Zeitlang — aber für die Ewigkeit reicht es nicht aus. Ich denke, diese Wanderung hat so manch einen zum Nachdenken gebracht. Mögen wir alle so leben, daß wir Gott wohlgefällig sind und dereinst nicht draußen bleiben müssen.«

Walja ging ein Licht auf: das Kreuz! Sie und Natascha waren auch nicht zum Kreuz zurückgegangen. Es berührte sie tief, denn sie hatte sich wirklich gefreut, daß sie beide doch bis zum Ziel gekommen waren — und jetzt durften sie nicht hinein! »Herr«, betete sie still, »gib mir Kraft, Dir so nachzufolgen, daß ich in der Ewigkeit bei Dir sein kann.«

Die meisten von denen, die nicht hineingehen durften, waren ernst geworden. Wasilij spielte nachdenklich mit dem Schwert. Er hatte anfangs sogar stolz den anderen Jungen erzählt, daß er mit diesem Schwert den Gehilfen des Riesen besiegt habe. Jetzt erst merkte er, wie falsch er gehandelt hatte. Die eigene Kraft und Anstrengung helfen nicht, um in den Versuchungen zu widerstehen — man muß mit dem Wort Gottes kämpfen.

Einige hatten am »Markt der Eitelkeiten« ihren Hunger gestillt. Onkel Pawel erklärte, daß man mehr im Wort Gottes forschen und damit die Seele speisen solle — dann könne man auch in den Versuchungen widerstehen.

Nach dieser Ansprache gingen alle zusammen auf die Lichtung, wo die zuerst Eingetretenen schon den »Mittagstisch« gedeckt hatten. Auf dem Gras hatten sie Decken ausgebreitet und das Essen darauf gestellt. Jeder fand ein Plätzchen und jedem schmeckte es nach der langen Wanderung besonders gut.

Gezuckerte Kondensmilch

Im Wald ist jedes Geräusch weithin zu hören. Und wenn man sich längere Zeit im Wald befindet, so schärft sich das Gehör und es erkennt sofort die für den Wald fremden Töne. Besonders hellhörig waren die Ohren der Jungen für die Motorgeräusche. Keiner von den Erwachsenen — wie sehr er sich auch anstrengte — vernahm so schnell wie die Jungen das Brummen des aus der Ferne herannahenden Motorrads von Opa. Die Jungen schlossen sogar Wetten darüber ab, wer als erster Opas Kommen ankündigen würde.

Heute war es der elfjährige Nikolaj. Sein lautes »Opa kommt!« kündigte allen Freizeitteilnehmern an: Bald gibt es Mittagessen!

Nikolaj selbst war im Nu schon spurlos verschwunden. Er lief so schnell, wie er konnte, den bekannten Pfad entlang, um Opa zu begrüßen. Die meisten Jungen ließen ihre Spiele sein und folgten ihm. Es dauerte nicht lange, da fuhr Opa mit seinem Motorrad auf die Lichtung und eine ganze Gruppe von Jungen lief hinterher. Nach wenigen Minuten war der Beiwagen entladen und binnen weniger Sekunden wieder gefüllt — mit Jungen, die eine Runde auf der Lichtung drehen wollten…

»Ob es heute zum Nachtisch wieder gezuckerte Kondensmilch gibt?« wandte sich Walja an Sweta.

»Ich hoffe, ja. Ach, wie gut die immer schmeckt!« erwiderte diese.

Zum Mittagessen gab es fast immer als erstes Suppe, dann Kartoffeln, Reis oder Nudeln mit etwas Fleisch und als Nachtisch »Kisel« (angedickter Obstsaft), Früchte (Äpfel oder Birnen) oder gezuckerte Kondensmilch. (In der Sowjetunion sind Süßspeisen wie Pudding, Götterspeise usw. weitgehend unbekannt.) Eine Zeitlang bekamen sie auch etwas Honig, den eine Gemeinde aus Weißrußland für sie gespendet hatte. Machmal ging Onkel Pawel mit einem Eimer voll Bonbons um den Tisch und jeder durfte sich einige nehmen.

Doch am häufigsten bekamen die Kinder gezuckerte Kondensmilch und darüber freuten sie sich am meisten. Viele Eltern hatten einfach nicht die nötigen Mittel, um den Kindern zu Hause so etwas zu kaufen, und es gab nur wenige Städte im Lande, wo Kondensmilch zu bekommen war. Für das Freizeitlager hatte man in der Stadt Brest — Tausende von Kilometern entfernt — viel Kondensmilch einkaufen können und so reichte der Vorrat auch für eine lange Zeit.

Onkel Pawel kam mit einigen Jungen aus dem Wald und sah, wie erwartungsvoll die Kinder jede Bewegung der Köchinnen beobachteten. Er schmunzelte dabei, denn es schien, als seien die Kinder ausgehungert — dabei hatten sie erst vor paar Stunden sehr gut gefrühstückt! Er freute sich, daß die Kinder einen solch guten Appetit hatten — und auch darüber, daß die Köchinnen so gut kochten.

Onkel Pawel beschloß, die Kinder zusammenzurufen und ihnen etwas zu erzählen, damit die Köchinnen in Ruhe den Tisch decken konnten.

Die Kinder setzten sich auf dem Gras hin und jemand rief: »Bitte erzählen Sie uns etwas von Ihrer Lagerhaft.«

Onkel Pawel ließ sich zwischen den Kindern nieder und begann zu erzählen:

»Nach meiner Verhaftung dauerte es mehrere Monate, bis der Gerichtsprozeß stattfand. Die Beamten vom KGB versuchten mich immer wieder davon zu überzeugen, daß ich doch lieber nachgeben und für sie arbeiten sollte. Daß heißt, ich sollte auch weiterhin in der Gemeinde tätig sein, aber ihnen regelmäßig alles erzählen, was dort geschah. So würden sie erfahren, wo und von wem die Kinder- und Jugendarbeit durchgeführt wird und noch vieles mehr. Dadurch sollte die Gemeindearbeit lahmgelegt werden.

Ich war mit diesen Vorschlägen nicht einverstanden, denn auf diese Weise sollte ich mithelfen, die Kinder vom Gottesdienst fernzuhalten! Der Herr Jesus sagte aber: ʼLasset die Kindlein zu mir kommen.ʼ Lieber wollte ich für den Herrn leiden als ein Verräter werden.

Ich wurde noch mit einem anderen Bruder zusammen verhaftet. Bevor man uns zum Gerichtsgebäude brachte, hatte man uns im Gefängnis Handschellen angelegt und aneinandergekettet. Draußen am Gerichtsgebäude warteten schon viele Gläubige auf uns und beim Aussteigen aus dem ʼSchwarzen Rabenʼ (so wird das Auto, in dem die Häftlinge transportiert werden, von diesen genannt) wurden wir von ihnen mit Blumen überschüttet.

Ich bekam fünf Jahre Freiheitsentzug und wurde nach einiger Zeit aus dem Gefängnis in ein Straflager gebracht. Auf den oftmals weiten Strecken werden die Häftlingen in besonderen Eisenbahnwaggons transportiert. Diese haben einen durchgehenden Korridor, von

Häftlinge während einer Kontrolle.

welchem man durch eiserne Gittertüren in die Abteile kommt. Die Wand zwischen dem Korridor und den Abteilen besteht aus sehr dichtem Gitterwerk, so daß die im Korridor hin- und hergehenden Wachsoldaten alles kontrollieren können. Die Größe eines solchen Abteils entspricht der eines normalen Eisenbahnabteils für 4-6 Mann. Aber die Häftlinge haben nie damit zu rechnen, daß jemand sie für normale Menschen halten wird. Darum steckt man bis zu 25-30 Gefangenen in ein solches Abteil. Wie viele von ihnen diesen Transport überleben, das kümmert keinen. Fenster oder sonstige Lüftungsöffnungen gibt es in den Abteilen nicht. Im Gefängnis erhalten die Häftlinge ein Stück Brot (von der schlechtesten Qualität) und gesalzene Heringe im voraus für den Transport im Eisenbahnwaggon — das ist alles. An der Zahl der Fische läßt sich abmessen, wieviel Tage der Transport dauern wird. Die Heringe werden jedoch nur von wenigen gegessen, weil sie einen schrecklichen Durst hervorrufen. Wasser aber bekommt man nur ein- oder zweimal am Tag.

Ich saß stundenlang oben auf einer Pritsche und konnte mich kaum bewegen, denn es waren viel zu viele Männer im Abteil. Meine Füße schwollen immer mehr an, so daß ich meine Stiefel nicht mehr anziehen konnte. Stattdessen zog ich Sandalen an.

Auf jeder Station hielt der Zug an und manchmal blieb er stundenlang stehen, bis andere Personen- oder Güterzüge vorbeifuhren. Diese Stunden waren besonders unerträglich. Es half nichts, die Kleider ab und zu auszuwringen — der Schweiß druchtränkte sie immer wieder. Alles klebte, mehrere Häftlinge rauchten und man konnte kaum atmen. Besonders schwer hatten es Herz- oder Lungenkranke — selbst Gesunde gaben allen Lebensmut auf.

Allmählich wurde es aber im Waggon kühler und wir schlossen daraus, daß man uns in nördliche Regionen brachte. Im Hohen Norden herrscht im Winter manchmal bis zu -65° Frost. Doch die Häftlinge waren über die kühlere Luft so froh, daß sie sich über die Zukunft keine Gedanken machen wollten.

Endlich blieb der Zug zum letzten Mal stehen und man führte uns heraus. Durch die offene Waggontür schlug uns frische, frostklare Luft entgegen und wir konnten uns an ihr gar nicht satt atmen. Draußen herrschte die feierliche Winterstille Sibiriens. Der Schnee lag meterhoch und war so weiß, daß es in den Augen geradezu weh tat. Doch in den nächsten Sekunden war es uns nicht mehr so wichtig, die Schönheit der Natur zu betrachten. Unsere total durchgeschwitzten Kleider wärmten nicht — im Gegenteil, sie wurden steif von dem klirrenden Frost. Ich konnte kaum gehen, doch ich mußte aus dem Waggon heraus und so watete ich mit meinen Sandalen durch den hohen Schnee.

Wir waren noch nicht weit gegangen, da ertönte der Befehl: 'Alle hinsetzen! Wir warten, bis die Häftlingautos da sind!' Gehorsam setzten wir uns in den Schnee und warteten und warteten. So vergingen zwei Stunden. Ich spürte meine Füße nicht mehr. Da dachte ich: Laß die Füße erfrieren — Hauptsache, deine Seele ist lebendig und bleibt dem Herrn treu! Endlich kamen die Häftlingautos und brachten uns zum Straflager.

Dort war es etwas erträglicher. Das erste Wunder für mich bestand darin, daß meine Füße wieder auflebten. Es gab aber nicht wenige tragische Fälle von Erfrierungen.

Die Tage und Wochen zogen sich gleichmäßig dahin. Tagsüber gingen wir zur Arbeit und die Nächte verbrachten wir in Baracken, in denen manchmal weit über hundert Mann waren.

Ihr könnt euch gar nicht vorstellen, wie es in solch einer Baracke abends zugeht. Der eine schreit, der andere schimpft, es gibt Schlägereien, die Luft ist oft unerträglich stickig. Es ist sehr schwer, sich in solch einem Durcheinander zu konzentrieren und die tägliche Gemeinschaft mit Gott zu pflegen.

Doch immer wieder spürte ich Gottes Nähe und Seinen Segen in meinem Leben. Wie ermunterten mich die Briefe von meiner Familie und von den Freunden! Diese Freude trug mich durch die Tage hindurch.

Die anderen Häftlinge konnten es nicht verstehen, daß ich so ruhig und froh sein konnte. Viele von ihnen hatten keinerlei Verbindung mehr zur Außenwelt; ihre Verwandten wollten nichts mehr von ihnen wissen. Der einzige Trost für sie war, daß sie hin und wieder einen Film sehen konnten. So geschah es manchmal, daß sie alle sich während der Kontrolle hinsetzten und wie aus einem Halse riefen: 'Ki-no! Ki-no! Ki-no!' Sie schrien so lange und rührten sich nicht von der Stelle, bis man ihnen versprach, daß abends ein Film gezeigt würde. Die Häftlinge konnten natürlich auch nicht begreifen, daß ich kein Verlangen nach solch einem Zeitvertreib hatte; deshalb stellten sie mir oft verschiedene Fragen und ich konnte ein Zeugnis für meinen Gott ablegen.«

In diesem Moment ertönte die Glocke zum Mittagessen und Onkel Pawel stand auf. »Na, habt ihr denn keinen Hunger?« fragte er die reglos dasitzenden Kinder, die noch immer unter dem Eindruck des Gehörten standen. Bei vielen waren noch die Väter in Haft und ihre nachdenklichen Gesichter zeigten, daß die Zeit des Erwachsenwerdens für sie etwas schneller kam... Dennoch waren sie Kinder, die sich schnell umstellen können.

Während des Händewaschens besprachen Wladimir und Leonid etwas miteinander; dann gingen sie von einem zum anderen und flüsterten jedem etwas zu. Einige schauten sie verwundert an, lächelten dann aber und sagten: »Ja, machen wir schon!«

Es dauerte nicht lange, so saßen alle Kinder am Tisch. Auf diesem standen Teller mit Brot — in der Sowjetunion kann man sich ein Mittagessen ohne Brot nicht vorstellen — und vor jedem lag ein Löffel.

Auf einem Tischlein daneben standen die Schüsseln und Kochtöpfe. Nach dem Beten schöpften die Köchinnen die Suppe in die Schüsseln und diese wurden dann von den Gruppenleitern an die Kinder weitergereicht.

Sergej sprach das Tischgebet, alle Kinder setzten sich hin und schauten einander mit Verschwörermienen an. Plötzlich tönte es laut aus aller Munde: »Kon-dens-milch! Kon-dens-milch! Kondens-milch!«

Onkel Pawel begriff sofort, daß dieses einstimmige Rufen auf seine Erzählung vom Kino im Lager zurückzuführen sei, und mußte mit dem Lachen kämpfen.

Die Gruppenleiterinnen aber waren im ersten Augenblick schockiert, dann trat Tante Ljuba zum Tisch und sagte laut und sehr entschieden: »Alle aufstehen!« Sofort verstummten die Kinder und standen auf.

»So, ihr habt mal wieder alle unsere Ermahnungen mißachtet. Geht es euch denn hier im Lager nicht mehr gut? Ihr erregt damit doch die Aufmerksamkeit derer, die uns suchen. Zur Strafe für eure Vergeßlichkeit werdet ihr jetzt fünf Minuten stehen. Dann könnt ihr euch hinsetzen. Ich hoffe, es ist das letzte Mal, daß ihr solch einen Lärm macht. Die Kondensmilch bekommt ihr schon zum Nachtisch, das verspreche ich.«

Jedes Kind bekam nun seine Schüssel mit Suppe. Es war besprochen, daß jeder, der ein Stück Brot nahm, es auch aufessen sollte — es durften keine Reste zurückbleiben. Wer noch mehr Suppe haben wollte, mußte sich melden.

Onkel Pawel sah, wie Andrej, der schon ein paarmal um Suppe gebeten hatte, erneut die Hand hob. Er ging zu ihm: »Willst du noch Suppe haben? Wird es nicht zu viel für dich?«

»Ich frage erst zum dritten Mal«, erwiderte Andrej. Onkel Pawel lächelte und nahm seine Schüssel, um noch Suppe zu holen. Die Kinder haben wirklich einen guten Appetit, dachte er.

Sodann bekam jeder in der gleichen, mit Brot ausgewischten Schüssel das zweite Gericht (zum Beispiel Kartoffeln oder Nudeln mit Fleischsoße). Wie versprochen, gab es zum Nachtisch die gezuckerte Kondensmilch. Die meisten Kinder aßen Brot dazu und immer wieder versicherten sie, daß es nichts Leckeres als diese Speise gebe. Die Schüsseln waren zum Schluß alle so sauber mit Brot ausgewischt, daß man meinen konnte, sie seien ausgespült worden.

Tanja

Ende Juni besuchte Michail Iwanowitsch wieder einmal die »Waldkirche« und brachte ein zehnjähriges Mädchen namens Tanja mit. Tanja wohnte mit ihrer Mutter in einer Stadt in Weißrußland. Einige Jahre zuvor hatte ihre Mutter Gläubige kennengelernt und war dann zu den Gottesdiensten gegangen; wenig später erkannte sie, daß auch sie eine Sünderin war, und bekehrte sich zu Gott. Seitdem änderte sich so manches auch in Tanjas Leben. Der Vater wollte nichts von Gott und den Christen wissen und verließ die Familie; Tanja blieb bei der Mutter.

Da die Mutter arbeiten mußte, um ihren Lebensunterhalt zu bestreiten, war Tanja den ganzen Tag sich selbst überlassen. Wenn sie nicht in der Schule war, so war sie auf der Straße und verübte zusammen mit den anderen Kindern so manche Streiche. Die Nachbarn und Bekannten ärgerten sich, daß Tanjas Mutter gläubig geworden war, und suchten alles dranzusetzen, um Tanja gegen die Mutter aufzustacheln und in ihrem kindlichen Herzen einen Haß gegen die Mutter zu schüren. Diese aber betete stets für ihre Tochter und war sehr froh, als man ihr vorschlug, Tanja in den Sommerferien in das christliche Freizeitlager zu schicken.

So kam Tanja in die »Waldkirche«. Von Anfang an wollte sie sich nicht der Ordnung im Lager unterwerfen, zankte sich mit jedem und reagierte nicht auf die Ermahnungen. So wurde beschlossen, Tanja für eine kurze Frist als »aussätzig« zu erklären, um ihr eine Möglichkeit zu geben, über sich selbst nachzudenken.

Eines Tages bereiteten sich die Kinder mit Begeisterung auf eine Wanderung vor. Von allen Seiten hörte man ihr Plaudern, Singen und Lachen. Sie planten im Wald jenseits des Flusses einige Beeren zu sammeln. Daraus wollten die Köchinnen dann »Wareniki« (gekochte Teigtaschen mit Beerenfüllung) vorbereiten, die allen wunderbar schmeckten.

Tanja saß abseits und beobachtete die Vorbereitungen. Wie gerne würde auch sie mitgehen! Aber zur Strafe mußte sie dableiben — sie sollte ja über ihr Verhalten nachdenken. Als die Gruppe aufbrach, schaute sie ihr sehnsüchtig nach. Doch dann verhärtete sich ihr Gesichtsausdruck und sie dachte: »Laß sie nur gehen, ich kann die Zeit auch allein gut verbringen. Ich werde das tun, was mir gefällt!«

Begeistert gehen die Kinder in den Wald, um Beeren zu sammeln.

Eine Zeitlang saß sie und überlegte, was sie unternehmen sollte, aber irgendwie hatte sie zu nichts Lust. Da kam auch schon Tante Lydia; sie war heute zurückgeblieben, um das Lager zu hüten, und wollte gerne die Gelegenheit zu einem Gespräch mit Tanja nutzen.

»Komm, setz dich zu mir, hier ist es nicht so heiß! Wir wollen uns etwas unterhalten, damit die Zeit schneller vergeht«, sagte sie. Tanja gehorchte schweigend.

»Erzähl mir etwas von dir und deiner Mutter«, bat Tante Lydia.

Erst wollte Tanja gar nicht sprechen, aber dann erzählte sie doch: »Mama arbeitet den ganzen Tag. Sie muß schon früh zur Arbeit und hat wenig Zeit. Ich verlasse das Haus, wenn sie schon weg ist, und wenn ich aus der Schule komme, ist sie noch nicht da. Dann gehe ich nach draußen, um mit den Freundinnen zu spielen.«

»Und wann machst du die Schulaufgaben?«

»Meistens, wenn Mama von der Arbeit kommt und danach fragt.«

»Hilfst du der Mama auch?«

»Nicht oft. Warum sollte ich es auch? Die anderen Mädchen tun es ja auch nicht.«

»Meinst du nicht, daß du Mama eine Freude damit bereiten könntest?«

Tanja schwieg, dann sagte sie: »Die anderen sagen auch, ich sei noch zu klein zum Arbeiten. Mama muß schon allein zurechtkommen.«

»Hast du deine Mutter denn nicht lieb? Denk doch einmal darüber nach, wieviel sie arbeiten muß, damit du Essen und Kleider haben kannst.«

Tanja blieb still. Nach einiger Zeit sagte Tante Lydia: »Ich schlage vor, daß du den Vers aus Jeremia 23, 24 auswendig lernst. Du findest diesen Vers in deinem Büchlein 'Hilfe von oben'. Da sagt Gott, daß vor Ihm sich keiner verbergen kann, daß Er alles sieht. Er sieht auch das Schlechte, das wir tun. Aber wenn es uns wirklich leid tut, so vergibt Er uns auch. Das findest du im Vers aus 1. Johannes 1, 9.«

Mit diesen Worten erhob sich Tante Lydia und begann die Tische zum Abendbrot zu decken. Tanja schaute ihr eine Zeitlang zu, dann blätterte sie in ihrem Büchlein 'Hilfe von oben', fand die Verse und las sie ein paarmal durch: »Meinst du, daß sich jemand so heimlich verbergen könne, daß ich ihn nicht sehe? spricht der Herr. Bin ich es nicht, der Himmel und Erde erfüllt? spricht der Herr...« »Wenn wir aber unsre Sünden bekennen, so ist er treu und gerecht, daß er uns die Sünden vergibt und reinigt uns von aller Ungerechtigkeit.«

Tanja beschloß, diese Verse auswendig zu lernen und während des Abendgottesdienstes zu bitten, daß man sie wieder in die Gemeinschaft aufnehmen möge. Sie wollte versuchen, sich so gut wie nur möglich zu benehmen — denn noch einmal zurückbleiben, während alle anderen wandern, das wollte sie nicht!

Nach dem Abendbrot holten die Jungen Wasser vom Fluß und jeder wusch seine Füße. Dann kamen alle noch zu einer Andacht zusammen.

Heute war Nikolaj an der Reihe, die Andacht zu leiten. Er las den Vers aus Jakobus 1, 12: »Selig ist der Mann, der die Anfechtung erduldet; denn nachdem er bewährt ist, wird er die Krone des Lebens empfangen, welche Gott verheißen hat denen, die ihn liebhaben«. Dann sagte er: »Wenn wir Gott treu bleiben in der Versuchung, das heißt, wenn wir nicht zurückschlagen, sobald jemand uns beleidigt hat, dann werden wir von Ihm auch belohnt werden.«

Jeder hatte sodann die Möglichkeit, denjenigen um Verzeihung zu bitten, den er beleidigt hatte. Tanja erhob sich und sagte: »Ich bitte euch, nehmt mich wieder in eure Gemeinschaft auf. Es tut mir leid, daß ich grob war.«

Daraufhin mußte sie erzählen, wie sie den Tag verbracht und was sie gelernt hatte. So wurde sie — zur großen Freude besonders von Tante Lydia — wieder aufgenommen.

Bis zum Frühstück des nächsten Tages ging mit Tanja alles gut. Als sie aber zum Tisch kam, schlug sie heftig auf Katja ein, die angeblich auf ihrem Platz saß. Tante Ljuba versuchte mit Tanja darüber zu sprechen, aber sie schlug auch nach ihr. Die Kinder fanden dies unerhört und so wurde beschlossen, Tanja wieder für 'aussätzig' zu erklären, bis sie ihr falsches Verhalten einsah und sich bei Tante Ljuba entschuldigte.

Einige Tage vergingen. Tante Lydia sprach oft mit Tanja und versuchte ihr mit viel Liebe entgegenzukommen, doch Tanja reagierte kaum auf ihre Fragen und Ermahnungen. Die Gottesdienste aber verfolgte sie aufmerksam aus der Ferne. Und sehr oft mahnte sie eine leise Stimme: »Warum bist du so trotzig? Schau mal, wie gut Tante Lydia und viele andere zu dir sind.« Doch dann dachte sie: Ich will nicht um Vergebung bitten!

Nach dem Essen geht's ans Abwaschen.

Früh am nächsten Morgen dachte Onkel Pawel noch einmal über das Programm für den Tag nach und trat aus dem Zelt, um die Gruppenleiterinnen zu wecken. Er wollte seine Schuhe, die immer vor dem Zelt standen, anziehen — doch ein Schuh fehlte. Das war etwas Ungewöhnliches — nie war ihm so etwas passiert! Er schaute noch einmal ins Zelt hinein, er ging um das Zelt herum — doch der Schuh blieb verschwunden. Er hatte keine Zeit zum Weitersuchen und beschloß, es den Jungen nach dem Frühstück zu überlassen. Diese machten sich sogleich auf die Suche im Zelt und drumherum, aber vergebens — der Schuh war nicht zu finden. Es wurde beratschlagt, jeder Busch wurde abgesucht — aber vergebens, der Schuh war nicht zu finden!

Zum Glück hatte Onkel Pawel noch ein paar alte Gummigaloschen; allerdings waren sie für Regentage, aber nicht für solch heiße Tage wie jetzt. Und barfuß wandern konnte Onkel Pawel unmöglich. Was blieb ihm also anderes übrig als die Galoschen anzuziehen und so die Wanderung durchzuführen! Daß seine Füße verschwitzt wurden und das Gehen sehr unbequem war, verstand sich von selbst.

Am Morgen des dritten Tages sagte Onkel Pawel: »Laßt uns noch einmal gründlich suchen. Es kann doch nicht sein, daß der Schuh nicht zu finden ist! Derjenige, der den Schuh findet, bekommt auch eine Belohnung. Wenn Opa heute das Essen bringt, werde ich ihn bitten, mit dem Finder auf dem Motorrad drei Runden zu drehen.«

Alle gingen eifrig auf die Suche. Tanja saß abseits und beobachtete das Ganze. Nach einer halben Stunde des Suchens rief sie Katja zu sich: »Willst du die Belohnung bekommen?«

»Ich möchte auf jeden Fall den Schuh finden, damit Onkel Pawel nicht mehr in den Galoschen herumlaufen muß. Die Belohnung ist mir nicht so wichtig«, antwortete diese und ging weiter suchen, denn mit »Aussätzigen« durfte man sich nicht unterhalten.

Tanja rief Katja wie nebenbei nach: »Geh in das Zelt, wo ich schlafe, und hebe meine Matratze auf. Vielleicht findest du da etwas.«

Katja blieb stehen und starrte Tanja ungläubig an. Dann lief sie ins Zelt und eine Minute später kehrte sie mit dem Schrei: »Der Schuh! Der Schuh!« zurück.

Als alle Beteiligten herbeigelaufen kamen, erzählte Katja, wo sie den Schuh gefunden hatte. Die Kinder waren höchst empört, als sie vernahmen, daß Tanja ihn versteckt hatte. Sie konnten es gar nicht begreifen und schlugen vor, sie noch strenger zu bestrafen. Doch Onkel Pawel beruhigte sie und so gingen sie wieder spielen.

Tanja hatte inzwischen viel Zeit, um über ihr Tun nachzudenken. Eigentlich tat es ihr leid, daß sie den Schuh versteckt hatte. Sie war nicht böse auf Onkel Pawel — im Gegenteil, sie liebte ihn nicht weniger als die anderen Kinder. Dieses Gefühl hatte sie tief in sich und oft kämpfte sie mit der Frage: Warum habe ich nicht solch einen Vater? Die anderen Kinder hatten Väter, die irgendwann aus der Haft heimkehren würden — und sie besaß nicht einmal diese Hoffnung! Sie wurde eifersüchtig, wenn sie sah, daß Onkel Pawel von vielen Kindern ständig umringt war; sie aber traute sich nicht, zu ihm zu gehen. Und Onkel Pawel sah scheinbar gar nicht, wie schwer sie es hatte — also mußte es auch ihm mal etwas schlechter gehen! Solche Gedanken bewegten Tanja, während sie den Schuh versteckte. Eine seltsame Befriedigung hatte sie danach empfunden: Jetzt leide ich nicht allein!

Doch nach und nach gefiel es ihr immer weniger und sie beschloß in der nächsten Nacht, den Schuh unbemerkt wieder an den alten Platz zu stellen. Doch dann kam es anders... Jetzt werde ich sicherlich von allen gehaßt, ich bin ja auch die Schlechteste hier und habe unter diesen Leuten nichts zu suchen! Sogar Onkel Pawel wird mich nach dieser dreitägigen Quälerei ganz bestimmt hassen, was ich auch verdient habe! Dies alles dachte Tanja, während sie aus ihrer einsamen Ecke die anderen beobachtete. Doch Onkel Pawel um Verzeihung bitten, das wollte sie auf keinen Fall.

Während des Abendgottesdienstes sprach Onkel Pawel über die Worte, die Jesus am Kreuz sagte: »Vater, vergib ihnen.« Er führte aus, daß die Menschen im allgemeinen erst dann vergeben wollen, wenn man sie darum bittet — und auch dann wollen viele es nicht tun. Jesus aber hat um Vergebung für uns gebeten, als wir selbst uns noch keine Sorgen darum machten. »Bei Jesus wollen wir lernen, einander zu verzeihen, denn nur der Mensch ist glücklich, der wie Jesus vergeben kann. Derjenige, der etwas Böses in seinem Herzen trägt, kann nicht vergeben und nicht um Vergebung bitten. Ein solcher ist zu bedauern.«

Tanja saß abseits und hörte zu. Ihr Gewissen sagte ihr, daß es nicht gut war, was sie getan hatte; aber sie blieb stumm. Abends beim Schlafengehen war sie so aggressiv, daß sie ohne Ursache auf eins der Mädchen einschlug. Tante Ljuba sagte kein Wort. Sie nahm sie bei der Hand und führte sie aus dem Zelt heraus. Dann sagte sie: »Tanja, du hast heute so vieles gehört, wie man sein sollte. Du weißt, daß es nicht gut ist, wie du dich benimmst, aber du willst auf niemanden hören. Weil du so grob zu den anderen Mädchen im Zelt bist, wirst du diese Nacht draußen verbringen. Denk einmal gründlich über alles nach, was heute geschah. Und damit du nicht ganz allein bist, bringe ich meine Matratze auch heraus — dann brauchst du keine Angst zu haben.«

Es war schon dunkel und am Himmel glänzten die Sterne. In der Ferne hörte man verschiedene Geräusche. Tanja dachte an all die liebevollen und ermahnenden Worte, die Tante Lydia und auch Tante Ljuba mit ihr gesprochen hatten. Sie dachte an die Geschichte mit dem Schuh und noch an vieles anderes. Sie fühlte sich ganz einsam, wobei sie aber zugeben mußte, daß sie selbst daran schuld war. Ihr fiel auch ein, wie oft sie so häßlich zur Mutter war. Es tat ihr so leid, sie sehnte sich nach der Mutter und begann bitterlich zu weinen. Tante Ljuba fragte Tanja mitleidig: »Möchtest du vielleicht beten?«

Tanja erwiderte unter Tränen: »Ich ... will ... Onkel Pawel und Jesus um Verzeihung bitten.«

Tante Ljuba holte Onkel Pawel. Als dieser Tanja fragte, ob sie alles, was ihr so schwer auf dem Herzen liege, Jesus sagen wolle, nickte Tanja. Und so knieten alle drei nieder und Tanja betete: »Herr Jesus, vergib mir, daß ich so schlecht bin. Vergib, daß ich die anderen so oft geschlagen habe. Vergib, daß ich Onkel Pawels Schuh versteckt habe...« und noch vieles mehr.

Auch Onkel Pawel betete; er bat Gott, Tanja alles zu vergeben und ihr ein gehorsames Herz zu schenken. Nach dem Gebet gingen die drei schlafen.

Am nächsten Morgen sprang Tanja nach dem Wecksignal auf, kniete nieder und betete: »Jesus, ich danke Dir, daß ich heute noch niemanden beleidigt habe.«

Einige Kinder lächelten über dieses Gebet und Tante Ljuba meinte: »Tanja, du bist ja gerade erst aufgestanden, da kannst du ja noch niemanden beleidigen. Versuche aber den ganzen Tag, keinem etwas anzutun.«

Einige Mädchen waschen am Fluß ihre Wäsche, die anschließend von den Gruppenleiterinnen kontrolliert wird.

Es fiel Tanja recht schwer, nicht wieder in die alten Gleise zurückzufallen, und oft mußte sie abends den einen oder anderen um Verzeihung bitten. Aber sie bemühte sich wirklich, freundlich zu jedem zu sein, und sie betete jeden Tag um Kraft dazu.

Am Ende der Freizeit dachte keiner mehr an die alte Tanja, die zu ihnen gekommen war. Ein jeder freute sich an der Wandlung, die sich bei ihr so sichtbar vollzogen hatte.

Erntefest in der Waldkirche

Mitte August sollte im Freizeitlager ein Erntefest stattfinden. Die Kinder freuten sich sehr auf dieses Ereignis. Sie hatten ein Programm mit Liedern und Gedichten vorbereitet und hofften, daß auch einige Besucher da sein würden. Zudem sollte ein Auto aus der nahen Stadt Rostow kommen und Obst und Gemüse für das Fest bringen, denn die Kinder hatten besonderes Interesse am Schmücken mit den größten und schönsten Früchten.

Am Vortag des Festes aber schien die festliche Stimmung zu schwinden: es begann zu regnen. Der Himmel hatte sich bezogen, Wind kam auf und es sah ganz nach anhaltendem Regen aus. Kein Vogel war mehr zu hören und die Stimmung der Kinder war dem Wetter entsprechend. Einige saßen in ihren Zelten, die anderen beschäftigten sich unter der großen Dachplane, wo es trocken war. Ab und zu wurden die Zeltvorhänge beiseitegeschoben und besorgte KInderaugen schauten zum Himmel — in der Hoffnung, dort einen kleinen Lichtstreifen zu erblicken. Doch alles war grau und der Regen schien kein Ende nehmen zu wollen. Jeder wußte, was das im Wald bedeutet: die Wege sind völlig unpassierbar und kein Auto kommt durch. Im Freizeitlager aber waren an Früchten nur noch drei Äpfel und zwei Birnen da.

»Wofür sollen wir denn danken?« fragten viele Kinder, denn nach ihrem Verständnis gehörte ein mit Obst und Gemüse geschmückter Tisch einfach mit zum Erntefest.

Einige Jungen — darunter auch der erfinderische Wladimir — wollten es nicht zeigen, daß sie vom Wetter abhängig seien. »Macht nichts,« meinten sie, »daß keine Früchte als Festschmuck da sind. Wir gehen in den Wald und suchen dort etwas Passendes.« Bald darauf erschienen sie mit einer großen Stachelpflanze, klebten sie auf ein Stück Karton, schrieben groß »ICH« darunter und befestigten das Ganze an einem langen Stock.

»Wir machen eine Kanzel und stellen dies dahin. Dann können wir über das 'ICH' und seine Bedeutung in unserem Leben predigen«, sagte Iwan.

»Ich glaube aber doch, daß wir noch Früchte zum Fest haben werden — wir müssen nur darum beten!« erwiderte Leonid.

Während des Abendgottesdienstes wurde beschlossen, besonders darum zu beten, daß der Regen aufhören möge, damit die Besucher auch wirklich kommen könnten. Früher als sonst gingen alle in ihre Zelte, denn wegen des bedeckten Himmels dunkelte es schnell. In einem Zelt kamen die Mädchen an diesem Abend noch lange nicht zur Ruhe. Sie hielten eine Beratung ab.

»Wie wird es morgen wohl sein?« fragte Sweta.

»Sogar der Opa wird nicht mit seinem Mottorad durchkommen können, wenn es weiter so regnet! Dann haben wir morgen kein Fest und auch kein Essen«, sagte Natascha mutlos.

»Ich hoffte so sehr, daß Vater uns morgen besuchen würde. Ich habe solche Sehnsucht nach ihm«, meinte Walja.

Da erklang ganz entschieden Katja's Stimme: »Mädchen, mir ist eben plötzlich ein Gedanke gekommen. Die Wetterveränderungen kommen doch von Gott. Und diesen Regen hat Er bestimmt, nachdem wir so viele trockene Tage hatten. In unserem Dorf gab es sogar Gebetsversammlungen um Regen, wenn es lange Zeit trocken war. Aber jetzt hat es hier genug geregnet, die Gärten der Sommerfrischler sind gut genäßt. Der Regen könnte jetzt ruhig mit diesen Wolken weiterziehen. Wir müssen nur beten!«

Und so knieten alle nieder. Nadja betete als erste: »Herr Jesus, es sind so viele Wolken am Himmel. Schicke doch einen starken Wind, damit er die Wolken vertreibt! Wir möchten doch so gerne Erntefest feiern!«

Während dann die anderen beteten, schaute Nadja durch eine Spalte nach draußen. Auf einmal rief sie mitten in ein Gebet hinein: »Der Herr wirkt! Der Herr wirkt!«

Natürlich brauchte nach diesen Worten keiner mehr zu beten — ein jeder wollte sich davon überzeugen, daß das Gebet erhört wurde. Tatsächlich sahen sie, daß die graue Dämmerung mit einem Mal heller wurde. Bald darauf hörte es ganz auf zu regnen...

Am nächsten Morgen wurden die Kinder beim Aufwachen von der Sonne begrüßt. Wie frisch gewaschen, ja festlich sah jetzt in den Sonnenstrahlen die von dem Regen aufgefrischte Natur aus! Die letzten Pfützen auf den Pfaden trockneten zusehends. Die Freude über diese Gebetserhörung war groß.

Die Gruppenleiterinnen hatten große Mühe, alle zu beruhigen und an die Tagesordnung zu erinnern. Dabei waren sie aber nicht

streng, denn auch sie wurden von der allgemeinen Begeisterung angesteckt.

Die Kinder waren noch nicht alle fertig mit dem Sichankleiden, da
erschienen schon die ersten Besucher. Dann wurde gemeldet, daß
das Auto aus Rostow mit Obst und Gemüse für das Erntedankfest
in der Nähe des Lagers in einer großen Pfütze steckengeblieben sei.
Der Fahrer kam zu Fuß, um Hilfe zu holen.

Mit Jubel krempelten die Jungen vom »Bruderrat« die Hosenbei-
ne hoch und liefen um die Wette zu dem steckengebliebenen Auto.
Der Fahrer setze sich ans Steuer, die Jungen umringten das Auto wie
die Ameisen — und dann durften sie zeigen, daß sie auch etwas lei-
sten konnten. Nicht lange dauerte es, da war das Auto schon auf der
Lagerwiese und es ging ans Ausladen. Die Kinder waren entzückt
über die Größe der Wassermelone, die fast 40 kg wog. Große Äpfel
und Weintrauben ließen keinen gleichgültig. Auch Gemüse aller Art
gab es — sogar solches, das die Kinder überhaupt nicht kannten, so
daß sie rieten, ob es Obst oder Gemüse sei. (Bananen und Ananas
zum Beispiel bekommen die meisten in der UdSSR nie in ihrem Leben zu sehen.) Manch ein Kind dachte im stillen: »Wie herrlich das
Fest auch sei — der Schluß wird noch besser sein! Denn dann kommt
dies alles auf den Eßtisch! Nur noch bis zum Abend Geduld haben!«

*Den ganzen Tag regnete es, so daß die Besucher der »Waldkirche«
am nächsten Tag mit dem Auto steckenbleiben.*

Nach dem Frühstück gingen einige sofort daran, eine provisorische Kanzel herzurichten und davor das Obst und Gemüse aufzubauen. Ein großer Stein trug die Inschrift: »Eben-Ezer« (was bedeutet: »Bis hierher hat uns der Herr geholfen«) — eingedenk der Stelle in der Bibel, wo Samuel einen Stein mit solch einer Inschrift aufrichtete.

Unter den eingetroffenen Gästen waren auch Alexej Timofejewitsch, der schon einige Jahre im Straflager um seines Glaubens willen verbracht hatte, und seine Frau, die sich sehr eifrig für die Familien der Gefangenen einsetzte. Große Freude herrschte besonders unter den Jungen, als sie sahen, daß auch Nikolaj Georgijewitsch, der Vater von Leonid, da war. Dieser hatte schon über 15 Jahre seines Lebens in Straflagern und Gefängnissen verbracht und er konnte sehr gut erzählen. So beschlossen die Jungen vom »Bruderrat«, daß Nikolaj Georgijewitsch die Abschlußpredigt halten sollte.

Stolz gingen Walja und Katja mit ihrem Vater, Michail Lawrentjewitsch, durchs Lager und erklärten ihm alles. Wie froh waren sie, nach fünf langen Jahren der Trennung endlich mit dem Vater zusammenzusein!

Um 10 Uhr saßen alle rings um die Kanzel. Die meisten Kinder hockten auf Decken, die einfach auf dem Gras ausgebreitet waren; die Erwachsenen saßen auf Baumstämmen oder standen etwas abseits.

Zur Eröffnung des Gottesdienstes sprach Andrej ein Gebet: »Großer Schöpfer des Himmels und der Erde. Wir stehen hier vor Dir und bitten um Deinen Segen für diesen Gottesdienst. Schenke Du es, daß alle Gedichte, Lieder und Predigten zu Deiner Verherrlichung dienen. Für alles danken wir Dir. Amen.«

Jetzt wurden Lieder gesungen, die Nina mit allen zum Fest eingeübt hatte. Auch einige Musikinstrumente kamen zum Einsatz und die Musikanten waren überglücklich, zum ersten Mal in ihrem Leben auf solche Weise den Herrn preisen zu dürfen.

Danach hielt Leonid eine kurze Ansprache über das »Danken«. Wieder folgten Lieder mit Instrumentalbegleitung, Gedichte und Anspiele.

Nikolaj Georgijewitsch saß während der Predigt seines Sohnes tief in Gedanken versunken. Wie viele Jahre hatte er in Straflagern verbracht und wie wenig hatte er mit seinem Sohn zusammensein können — aber wie sehr hatte er in dieser ganzen Zeit für ihn gebetet! Noch ein Jahr zuvor hatte er große Sorgen um seinen Sohn getragen, weil dieser nicht gehorchen wollte; doch dann war er auf einer Freizeit gewesen und hatte sich dort entschieden, dem Herrn Jesus zu folgen. Die Veränderungen in seinem Leben und in seinem Verhalten gegenüber den Eltern waren gravierend. Nun war er zum zweiten Mal in einem christlichen Sommerlager.

Nikolaj Georgijewitsch schaute auf die ruhigen, freundlichen Gesichter der Gruppenleiterinnen. Sie hatten den Kindern auf vielfältige Weise die Eltern ersetzt — unter ständiger Gefahr, für ihren Dienst verhaftet und zu drei bis fünf Jahren Freiheitsentzug verurteilt zu werden. Dies war der »Lohn« für die Schwestern, die ihre ganze Freizeit, Fähigkeit, Geduld und Liebe den Kindern widmeten, um sie in der Lehre Jesu zu unterweisen! Ein inniges Gefühl von Dankbarkeit erfüllte sein Herz.

Nikolaj Georgijewitsch hörte die Worte seines Sohnes und war von Herzen dankbar, daß Gott seine Gebete erhört hatte. Nein, seine Leiden und die vieler anderer waren nicht umsonst! Sie mußten leiden, weil sie in ihrem Glauben an Gott treu blieben; sie mußten in Gefängnisse und Straflager gehen, weil sie den Kindern von Jesus erzählten und sie christlich erzogen. Aber sie sahen auch die Frucht der Leiden: ihre eigenen Kinder und auch die anderer standen auf, predigten und zeugten von Jesus Christus. Sie wollten dem Herrn Jesus genauso nachfolgen wie ihre Eltern.

Nun war Nikolaj Georgijewitsch an der Reihe, seine Abschlußpredigt zu halten: »Kinder, wir feiern heute ein Erntefest. Wir danken Gott für das Obst und Gemüse, welches Er hat wachsen lassen. Es gibt aber noch andere Gründe, um Gott zu danken. Ich bitte diejenigen von euch, die ein Evangelium, ein Liederbuch oder einen Gedichtband besitzen, die Hand zu heben.«

Wie Pfeile schossen alle Hände in die Höhe.

»Seht ihr, meine Lieben, auch dies ist ein Grund, dem Herrn zu danken. Als ich noch ein Kind war, besaß kaum einer von uns Christen geistliche Literatur. Doch dann entschlossen sich einige Gläubige, alles daranzusetzen, um christliche Literatur herzustellen. Denn wie sollte man etwas von Gott und Seinem Willen erfahren, wenn man Sein Wort nicht hat? Wie und wo, meint ihr, sind eure Evangelien und Liederbücher gedruckt worden?«

»In der Geheimdruckerei Christianin,« antworteten die Kinder einstimmig.

»Nicht zu laut,« lächelte Nikolaj Georgijewitsch, »sonst hören es noch Fremde. Ja, und diese Druckerei wirkt noch heute. Es wird noch mehrere Jahre dauern, bis für die Millionen von Menschen in unserem Lande genug Evangelien da sind. Viele Gläubige hat die Arbeit in der Geheimdruckerei schon die Freiheit gekostet und manche sogar das Leben. Aber andere Glaubensgeschwister stellten sich in den Riß und die Arbeit ging weiter. Wollt auch ihr einmal in diesem Dienst nützlich sein?«

Die Kinder wurden nachdenklich und nicht alle hoben jetzt die Hände. Diejenigen aber, die es wagten, leuchteten vor innerer Entschiedenheit.

Nikolaj Georgijewitsch fuhr fort: »Nun möchte ich euch eine Begebenheit aus meinem Leben erzählen. Zwei Wochen vor dem Weihnachtsfest des Jahres 1962 wurde ich ganz unerwartet von zwei Milizbeamten auf der Straße festgenommen. Einer schlug mich ins Gesicht und sagte dabei: 'Jetzt wirst du erfahren, was es heißt, Kinder zum Gottesdienst mitzunehmen! Deine Kinder wirst du nun nicht mehr sehen!' Ich antwortete ihm, daß ich dennoch hoffe, meine Kinder wiederzusehen. Am nächsten Tag wurde ich in einer nichtöffentlichen Gerichtsverhandlung, ohne Wissen meiner Angehörigen, zu fünf Jahren Verbannung verurteilt.

Vor dem Abtransport fragte ein Offizier, der mich durchsuchte, wofür ich verhaftet sei. Ich sagte: 'Für meinen Glauben an Gott.' Zum Abschied sagte er sehr ironisch: 'So gehe mit Gott!' Diese Worte nahm ich mit großer Freude auf.

Der Transport zum Ort der Verbannung war sehr schwer; er dauerte anderthalb Monate und ich hatte mich im Gefängnis ernstlich erkältet. Man brachte mich in ein kleines Dorf in Sibirien und wies mir in einem Häuschen ein Zimmer zu. Das Dorf durfte ich nicht ohne Genehmigung der Behörden verlassen.

Die schwere Arbeit und die sibirische Kälte setzten mir sehr zu; aber noch schwerer war zu ertragen, daß ich keine Bibel hatte und keine Gemeinschaft mit Christen. Das einzige Band, das mich mit der Außenwelt verband, waren die Briefe meiner Frau, meiner Kinder und der Glaubensgeschwister. Die Ermutigung, die ich daraus schöpfte, ist kaum zu beschreiben. Nach einigen Monaten besuchten mich Christen aus einer sibirischen Stadt und brachten mir eine Bibel. Meine Freude war unbeschreiblich, ich küßte die Brüder und die Bibel. Nun ging ich in der freien Zeit in den Wald auf der anderen Seite des kleinen zugefrorenen Flusses, suchte mir eine Stelle, wo ich vor Wind und Schnee geschützt war, und las im Wort Gottes.

Nach Ostern betranken sich einige Burschen, sie veranstalteten eine Schlägerei und jagten mich dem Häuschen. Ich vermutete, daß ein Milizbeamter, der böse auf mich war, die Hauptrolle hierbei spielte. Er war Alkoholiker und jeder Verbannter war gezwungen, ihm monatlich einen bestimmten Geldbetrag zu geben. Manchmal machte er einige Verbannte zu seinen Zechkumpanen, denen dies ganz gut gefiel. Ich gab ihm nichts von meinem Geld, weil ich nicht Mitverursacher dieser Saufgelage sein wollte. In dem abgelegenen kleinen sibirischen Dorf gab es keine andere Obrigkeit und so tat der 'Ordnungshüter', was ihm gefiel. Wo sollte ich nun wohnen? Eine Frau aus dem Dorf hatte Mitleid mit mir und willigte ein, mir ein kleines Zimmer im Anbau zu geben, in dem bisher ihre Hühner waren — diese siedelten in den kleinen Stall über. Das Zimmer aber sah schrecklich aus! Ich nahm Urlaub und verbrachte einen ganzen Tag damit, um etwas Ordnung in diese Räumlichkeit zu bringen. Als ich den Fußboden gewischt und gerade meine Sachen und das Bett aus meiner vorherigen Unterkunft geholt hatte, hörte ich auf einmal jemanden sagen: 'Darf man hereinkommen?'

'Bitte, kommen Sie herein', erwiderte ich verwundert — und mit Freuden sah ich einen Glaubensbruder, der mich schon einmal besucht hatte, und noch zwei Besucher, die von weit her kamen. Diese Brüder waren für mich wie Engel vom Himmel, die mir von neuem zeigten, daß ich von der Gemeinde nicht vergessen war. Unter Tränen dankte ich Gott für seine Liebe zu mir.

Ich erfuhr, daß die drei Besucher dreißig Kilometer im Schlamm zu Fuß zurückgelegt hatten. Es war schon April und der Schnee schmolz sehr schnell. An einigen Stellen mußten die Brüder ihre Stiefel ausziehen, weil das Wasser der kleinen Flüsse fast bis zum Gürtel reichte. Auf diese Weise hatten sie drei eisige Flüsse durchquert! Freilich hätten sie diese auch auf Brücken überqueren können — doch dann hätten sie durch die Dörfer gehen müssen, wo die Miliz jeden Unbekannten stoppte. Eine Genehmigung, den Verbannten zu besuchen, wurde nur seinen Angehörigen ausnahmsweise erteilt.

Welche Kraft trieb diese meine Glaubensbrüder, einen solchen Weg auf sich zu nehmen? Sie taten es im Namen Gottes und aus Liebe zu mir.

Ich bereitete sofort Tee, gab ihnen warme Socken und heizte den kleinen Ofen an, um ihre naßgewordenen Kleider zu trocknen. Die Brüder hatten mir Lebensmittel und Geschenke mitgebracht. Aber das größte und wertvollste Geschenk für mich an diesem Tag war die erste Nummer unserer Zeitschrift 'Westnik spasenija' ('Bote der Wahrheit'). Mit unaussprechlicher Freude und Dankbarkeit gegen Gott durchblätterte ich ihre Seiten. Wie baten wir Gott um Bewahrung derer, die ihr Leben einsetzten, um christliche Literatur herzustellen!

Nach dieser Verbannung war ich noch einige Male verhaftet und oft hat mir der 'Westnik spasenija' Hilfe und Trost gebracht. Aber am wertvollsten ist mir die erste Nummer geblieben. Meine Verbannung damals war ja ein Teil der Leiden der Bruderschaft; Gott aber sah unsere Treue und schenkte Seinen Segen, indem wir christliche Literatur herausgeben konnten.

Liebe Kinder, wenn ihr die Evangelien, Liederbücher und anderes in der Hand haltet, dann denkt daran, daß viele eurer Väter und Verwandten in Gefängnisse und Straflager gehen mußten, weil sie die-

Während des Erntefestes kann ein jeder etwas vortragen.

se Literatur druckten und verbreiteten. Schätzt das, was ihr heute habt, hoch ein, lest es, lernt daraus — und vor allem strebt danach, Gott so nachzufolgen, wie Er es in Seinem Wort sagt. Lebt so, daß eure Väter, wenn sie im Gefängnis von euch hören, auch wirklich froh über euch sein können.

Und jetzt schlage ich vor, daß ihr Bruder Michail Lawrentjewitsch, der vor kurzem aus der Haft entlassen wurde, etwas überreicht.«

Sweta erhob sich und alle sahen in ihrer Hand einen prächtigen Blumenstrauß, den sie bis dahin unbemerkt in einer großen Tasche versteckt hatte. Onkel Pawel hatte Sweta und noch einige Mädchen am frühen Morgen gebeten, diese Blumen zu pflücken. Wassertröpflein blinkten noch auf den Kronenblätter und die Farben der Blumen wetteiferten geradezu miteinander! Unter den erfreuten Blicken der Anwesenden überreichte Sweta Michail Lawrentjewitsch den Strauß. Dann sangen alle zusammen das Lied:

Mein Weg — wie der andrer — geht nicht über Blumen
Und duftende Rosen seh' ich nicht darauf.
Mein Weg nur mit Dornen, geraden und krummen,
Ganz voll ist gestreuet, sonst wächst nichts darauf.

Ich gehe, verwundet sind hart meine Füße
Und schwer scheint der Weg, der vor mir liegt, zu sein.
Doch tief in der Seele eine Stimme versüßend
Mir ganz deutlich flüstert: »Du gehst nicht allein!«

Die Stimme mein Heiland ins Herz selbst mir sendet,
Gibt Kraft mir, zu streiten stets wider die Sünd'.
Das Himmelreich wird Er auf ewig mir spenden,
Wo Liebe und Seligkeit mit Christo da sind.

Michail Lawrentjewitsch war überwältigt von allem, was er sah und hörte. Er nahm den Blumenstrauß entgegen und sagte:

»Es sind jetzt 16 Jahre her, seit unsere Bruderschaft entstand. Damals wagte keiner davon zu träumen, daß es irgendwann ein christliches Freizeitlager im Wald geben würde — heute aber ist es möglich. Ihr Kinder werdet dieses große Wunder, das Gott getan hat, noch nicht ganz begreifen können. Heute wurde ich wieder sehr an die Zeit meiner Gefangenschaft erinnert. Wie oft und intensiv habe ich an meine Kinder gedacht: Wie mag es ihnen gehen? Wachsen sie auch im geistlichen Leben? Werden sie versorgt?

Als ich eines Tages Besuch von meinen Angehörigen empfangen durfte, teilte ich ihnen meine Sorgen mit. Da flüsterte meine Schwester mir ins Ohr (sie durfte es nicht laut sagen, weil Abhörgeräte da waren): 'Sei unbesorgt, deine Kinder sind nicht vergessen. Die Gemeinde denkt an sie und versorgt sie. Zur Zeit sind einige deiner Kinder im Freizeitlager, wo sie sich nicht nur erholen, sondern auch geistliche Speise bekommen.'

Vor Tränen konnte ich nichts erwidern. Ich war überwältigt von Gottes Fürsorge. Und als ich entlassen wurde, beschloß ich, bei der nächsten Gelegenheit das Freizeitlager zu besuchen. Heute bin ich hier, zusammen mit einigen meiner Kinder. Ja, wirklich Gott hat ein Wunder getan!« schloß Michail Lawrentjewitsch seinen Bericht und drückte dabei seine beiden Töchter an sich.

Abschiedsfeuer

Alles hat einmal sein Ende. Wie gut es den Kindern in der »Wald-kirche« auch ging — die Zeit ihrer Ferien lief ab! Es war beschlos-sen, am vorletzten Tag der Freizeit ein Abschiedsfeuer zu veranstal-ten. Zu diesem Zweck hatten die Kinder bei jeder sich bietenden Ge-legenheit trockene Äste zur Lichtung gebracht und an einem geeig-neten Platz aufgestapelt. Sie sammelten auch die umgefallenen dünnen Bäume, schleiften sie zur Lichtung und zersägten sie. So war mit der Zeit ein großer Holzstapel zusammengekommen und die Kinder konnten es kaum erwarten, bis das Geplante durchgeführt werden sollte.

An dem Tag, wo man abends das Feuer machen wollte, kam mit einem Mal ein unbekannter Mann auf die Lichtung. Er schaute sich um, erblickte den Holzstapel und fragte die Jungen, die eben einige trockene Äste aus dem Wald herbeischleppten: »Könnt ihr einen von euren Leitern rufen?« Die Jungen wußten nicht, was sie tun sol-ten. Dieser Mann, der mit einer Lederjacke bekleidet war und eine Doppelflinte sowie eine Ledertasche über der Schulter trug, sah nicht nach einem gewöhnlichen Jäger aus. Zudem hatte er eine Uni-formmütze mit grünem Rand auf dem Kopf. Einige Jungen mein-ten, dies könnte ein Milizbeamter sein, und traten verlegen von ei-nem Fuß auf den anderen. »Das ist doch der Förster,« kam es Wla-dimir mit einem Mal in den Sinn. »Also ist es für Onkel Pawel nicht gefährlich.« Er wollte loslaufen, um Onkel Pawel zu rufen, doch da kam dieser schon, grüßte freundlich den Förster und fragte, ob die Jungen etwas Ungenehmigtes aus dem Wald genommen hätten.

»Nein, erwiderte der Förster, »im Gegenteil: ich bin froh, wenn jemand mir hilft, den Wald zu reinigen. Was wollt ihr weiter mit die-sem Holzstapel machen?« Ihm kam es wahrscheinlich gar nicht in den Sinn, daß dies eine christliche Freizeit sein könnte.

»Die Kinder wollen gern ein Abschiedsfeuer machen,« antworte-te Onkel Pawel.

Der Förster schaute zu den Kindern hin, die auf der Lichtung wa-ren, schmunzelte und sagte dann: »Gut, gut! Ich erlaube es. Ihr wer-det ja wohl aufpassen.«

Onkel Pawel atmete erleichtert auf. Er gönnte den Kindern die Freude, beim Abschiedsfeuer noch einmal zusammen zu sitzen, aber er hatte auch einige Bedenken. Man konnte nicht ohne Grund vermuten, daß der Förster die Miliz über dieses christliche Freizeitlager informieren würde — und die Folgen ließen sich nicht absehen. Da aber der Förster ganz überraschend kam und unerwartet bereitwillig seine Zustimmung gegeben hatte, wichen Onkel Pawel's Bedenken.

Der Förster fragte noch, ob man sie in Ruhe lasse, ob kein Fremder ihnen Schaden zugefügt habe, und ging dann weg.

Am Abend versammelten sich alle am Holzstapel. Michail Iwanowitsch war auch wieder zu Besuch da. Vor dem Anzünden des Feuers wandte er sich an die Kinder:

»Kinder, bevor wir das Holz in Brand stecken, möchte ich euch einiges über das Feuer sagen. Ich denke, ein jeder von euch hat es schon mal erlebt, wie gut ein Feuer tut, wenn man ganz verfroren ist. Feuer hat eine anziehende Wirkung, weil es in seiner Nähe hell und warm ist. Wenn ein Wanderer sich nachts in einer Gegend befindet, wo es Raubtiere gibt, so macht er ein Feuer und ist in Sicherheit, denn die Raubtiere treten vom Licht in die Finsternis zurück. Genauso ist es im geistlichen Leben: wenn wir im Lichte wandeln, so kommt der Versucher nicht an uns heran. Diese himmlische Wärme und dieses Licht sollen wir auch in unseren Herzen haben; der Herr Jesus sagt in Seinem Wort, daß wir das Licht der Welt sein sollen.

Die Kinder bringen trockene Äste zur Lichtung.

Licht ist immer anziehend. Ein jeder von uns soll leuchten — das heißt, so handeln, wie Jesus es haben will. Dann werden die anderen aufmerksam werden und so manch einer wird den Wunsch verspüren, auch ein Licht für andere zu werden.

In einigen Tagen geht ihr wieder zur Schule. Viele von euch hatten es nicht leicht dort. Doch ihr seid auch da ein Licht für die anderen. Ich weiß, daß Spott und Ausgelachtwerden oft schwer zu ertragen sind, doch denkt immer daran, daß Jesus das alles für uns ertragen hat. Er wird euch immer die nötige Kraft geben wenn ihr Ihn darum bitten werdet.

Seid auch zu Hause ein Licht für eure Geschwister. Viele von euch werden ihre Väter vielleicht noch jahrelang nicht sehen. Helft euren Müttern, seid ihnen gehorsam! Dadurch macht ihr den Müttern große Freude und die kleineren Geschwister werden angespornt, ebenfalls gehorsam zu sein.

Viele der ersten Christen haben ihr Leben für ihren Glauben an Gott lassen müssen. Viele wurden sogar auf großen Scheiterhaufen — wie dieser hier — verbrannt, doch die Flammen verblaßten in den leuchtenden Strahlen der Liebe Gottes, welche durch die Treue der Märtyrer in der ganzen Welt bekannt geworden ist. Durch ihr Zeugnis haben sie andere zu Christus geführt und so können auch wir heute die frohe Botschaft hören. Eure Väter tragen das Licht des Evangeliums in die Gefängnisse und Straflager — und ihr müßt dieses Licht dort verbreiten, wo Gott euch hingestellt hat. Ich wünsche, daß nach dieser Freizeit ein jeder von euch auch zu Hause und in der Schule ein wirkliches Licht ist, damit eure Kameraden, eure Geschwister und eure Eltern Christus in euch sehen.«

Nach einem Gebet wurde das Feuer angezündet. Die Feuerflammen erfaßten den Holzstapel. Die Äste knisterten im Feuer und die Hitze wurde so stark, daß die Kinder etwas zurücktreten mußten. Vom Erntedankfest her hatten die Jungs den Karton, auf dem das Wort »ICH« stand, aufbewahrt. Jetzt befestigten sie diesen Karton an einem Stock und beschlossen, ihn zu verbrennen.

Dabei sagte Wladimir: »Ich möchte , daß mein 'Ich' genauso verbrennt, damit ich nur das tue, was Gott an mir sehen will.«

Onkel Pawel lächelte bei diesen Worten. Er freute sich darüber, daß Wladimir sich so geändert hatte. Wieviel mehr aber würden seine Eltern sich darüber freuen!

Onkel Pawel beobachtete die Kinder. Wie gebannt saßen oder standen sie ringsherum und betrachteten das Feuer. Sie hatten noch nie solch ein großes Feuer gesehen und waren überwältigt. Einige sagten: »Sieh mal das 'ICH', es will nicht verbrennen.«

»Wie zäh ist das 'ICH' aber auch!«

Doch dann fing auch der Karton an zu brennen, der Wind riß ihn hoch und zerstreute die Asche in alle Himmelsrichtungen.

»Das 'ICH' ist weg. Auch ich möchte fortan so leben, daß nur noch Jesus in mir zu sehen ist«, sagte Sergej, der neben Onkel Pawel stand.

Onkel Pawel dachte in diesem Moment an all diese Kinder, die ihm so sehr ans Herz gewachsen waren, und er betete im stillen, daß sie alle in ihrem Leben doch wahre Zeugen Jesu Christi sein mögen. Er hatte sie alle liebgewonnen — trotz mancher Schwierigkeiten, die im Verlauf der Freizeit gewesen waren — und er freute sich, daß so manches Kind einen Wandel erlebt hatte und nun Gott dienen wollte.

Aufmerksam schauen die Kinder zu, wie das »Я« (»Ich«) verbrennt.

Vorbereitungen für das Kinderfest

Bevor Michail Iwanowitsch wegfuhr, sagte er: »Liebe Kinder, ich hoffe sehr, daß wir uns bald in Rostow wiedersehen. Habt ihr auch alles zum Kinderfest vorbereitet?«

»O ja, ja!« tönte es ihm von allen Seiten entgegen. »Wir sind schon ganz gespannt, wie es ablaufen wird!«

Onkel Pawel und noch einige Brüder hatten nämlich darüber gesprochen, daß es gut wäre, nach dem Abschluß der »Waldkirche« ein Kinderfest zu veranstalten. Es gab in Rostow viele Gläubige, deren Kinder gern mit den Eltern zum Gottesdienst gingen. Meistens waren die Gemeindegottesdienste jedoch mehr auf Erwachsene abgestimmt. Deshalb wurde ein Kinderfest von vielen gutgeheißen und mit großem Interesse erwartet. Dabei könnten die Kinder das vortragen, was sie auf der Freizeit gelernt hatten. Eingeladen wurden alle Kinder aus der Gemeinde in Rostow und den umliegenden Orten. Man rechnete mit 300 bis 400 Kindern.

Die Gemeinde in Rostow veranstaltete ihre Gottesdienste schon seit langem in einem Zelt, das im Garten der Familie Sacharow aufgebaut war. Deren Vater war Evangelist. Wegen seines Dienstes war er oft unterwegs, und wurde ständig von der Miliz gesucht; einige Male war er in Haft. Die vier Kinder hatten nicht lange das Glück, ihre Eltern bei sich zu haben — sie waren beide herzkrank und nach einem Leben voller Gefahren und Sorgen starb erst die Mutter und kurz darauf auch der Vater.

Sie hatten ihren Kindern ein gottesfürchtiges Leben vorgelebt, und als sich die Frage erhob, wo die Gemeinde das Zelt aufbauen könnte, erklärten sich die vier Geschwister bereit, ihren Obstgarten dafür zur Verfügung zu stellen. Alle Nachbarn waren zutiefst verwundert über solch eine Entscheidung, denn sie bedeutete das Absägen prächtiger Apfel-, Birnen-, Kirsch- und Pflaumenbäume. Jahrzehntelang waren sie gehegt und gepflegt worden und die Ernten hatten einen großen Wert für die Familie und ihre Verwandten. Aber die Kinder hatten es von ihren Eltern gelernt, was wirklich wert hat und wußten, daß ihr Vater diesen Schritt gutgeheißen hätte. Die Richtigkeit ihrer Entscheidung hat sich in den vielen Bekehrungen bei den Evangelisationsversammlungen in diesem Garten bestätigt, der jetzt reich an Früchten von himmlischer Art wurde.

Von dieser Zeit an wurde die Familie Sacharow sehr von den Behörden verfolgt und mit Bußgeldern belegt; doch die Gläubigen kamen auch weiterhin zu den Gottesdiensten im Zelt zusammen.

Anfang August wurde die betreffende Straße von beiden Seiten durch Milizbeamte und Männer in Zivil abgeriegelt, damit keiner zum Haus gelangen konnte. Dann brachte man Arbeiter mit Schweißgeräten und anderen Gegenständen zum Zelt — und es dauerte nicht lange, da war das Zelt auseinandergenommen, auf Lastwagen verladen und weggebracht worden.

Als die Kinder im Wald erfuhren, daß das Zelt zerstört worden war, beschlossen sie, für ein neues Zelt zu beten, damit das Kinderfest dennoch stattfinden konnte. Michail Iwanowitsch hörte von den täglichen Gebetsstunden für das Zelt und meinte: »Das Kinderfest wird unbedingt stattfinden! Auch wenn kein Zelt da sein sollte, so wird Gott doch einen Ort vorbereiten, wo sie zusammenkommen können. Diese Gebete wird Er nicht unbeantwortet lassen!«

Die Gemeinde aber kam an jener Stätte auch weiterhin zusammen — bei Sonnenschein wie auch bei Regen — und Ende August war ein neues Zelt fast fertig.

Die Behörden hatten inzwischen erfahren, daß in Rostow ein Kinderfest stattfinden sollte. Zwei Tage vorher wurden spätabends im

Das Versammlungszelt in Rostow wird zerstört.

Schutz der Dunkelheit erneut Arbeiter zum Grundstück gebracht, um das halbfertige Zelt zu zerstören. Nach einigen Stunden war auch von diesem nichts mehr zu sehen.

Doch dies war nicht die einzige Maßnahme, die die Miliz ergriff, um das Kinderfest zu verhindern. Am Tag vor dem Kinderfest wurden viele gläubige Familien von Milizbeamten besucht, welche genau wissen wollten, ob fremde Kinder im Hause seien. Da die Beamten wußten, daß die Kinder irgendwie nach Rostow gebracht werden mußten, wurden alle Straßen von und nach Rostow abgesperrt. Überall standen Posten und sämtliche Autos oder Busse wurde angehalten; ein jeder mußte sich ausweisen. Waren Kinder dabei, so forschten die Posten genau nach, woher sie kamen und wie sie hießen.

Es war rechtzeitig ein Bus bestellt worden, der am Tag vor dem Fest frühmorgens losfahren und die Kinder der »Waldkirche« abholen sollte, um sie nach Rostow zu bringen. Alles war mit dem Fahrer besprochen worden und so hoffte man, daß es gut gehen würde. Auch Onkel Pawel war darüber informiert worden, damit er sich keine Sorgen zu machen brauchte, wie »seine« Kinder nach Rostow kommen sollten.

Am Tag vor dem Kinderfest befanden sich einige Besucher im Freizeitlager, und als der Bus mittags immer noch nicht da war, schickte Onkel Pawel sie nach Rostow, um sich zu erkundigen, was da los sei. Da erfuhren sie, daß der Bus für diese Fahrt nicht freigegeben worden war. Zudem waren alle Straßen nach Rostow gesperrt, so daß die Brüder beschlossen, einen Bus in Schachty, eine Nachbarstadt von Rostow, zu mieten und von dort aus zu fahren. So fuhren zwei Brüder nach Schachty und mieteten in einer Busverleihfirma einen Bus für die Fahrt in den Wald.

Diese Nachricht wurde nach Rostow und dann auch ins Freizeitlager weitergegeben. So atmeten viele wieder auf in der Hoffnung, doch noch ohne Schwierigkeiten die Kinder — wenn auch spät abends — nach Rostow bringen zu können. Inzwischen wurden in vielen Familien, die man vorher benachrichtigt hatte, Vorbereitungen getroffen, um einige Kinder aus der »Waldkirche« aufzunehmen.

Doch als der Bus um 23 Uhr noch immer nicht in Rostow einge-

Die Straßen in Rostow werden von der Miliz überwacht — mit dem Ziel, die Kinder zu finden.

troffen war, wurden viele unruhig. Wo waren die Kinder? Hatten die Beamten den Bus angehalten und alle Kinder zur Milizstation gebracht? Sie hatten nämlich gedroht, den Bus mit den Kindern zur Milizstation zu bringen und sie erst dann frei zu lassen, wenn die Eltern sie selber abholen würden. Dies wäre aber gar nicht so leicht zu bewerkstelligen gewesen, denn viele Eltern müßten in diesem Fall weite Reisen, hohe Kosten und viele Unannehmlichkeiten, vielleicht sogar Strafen in Kauf nehmen, weil sie ihren Kindern die Teilnahme an einer christlichen Freizeit erlaubt hatten. Und wie würde es den Gruppenleitern ergehen? Zweifellos würde es für manchen Freiheitsstrafen bedeuten.

Einige Brüder aus Rostow berieten sich, was weiter zu tun sei. Sie beschlossen, daß einer in den Wald fahren und nachsehen sollte, ob die Kinder vielleicht noch dort warteten. Wenn ja, müßte man einen neuen Weg suchen, um sie aus dem Wald herauszubringen. Sollten die Kinder nicht mehr da sein, so müßte man sich auf die Suche nach ihnen begeben und als erstes feststellen, ob sie von der Miliz aufgehalten worden sind und in welcher Milizstation sie sich befanden — das Weitere würde sich dann ergeben. Die Brüder beteten noch zusammen, und dann fuhren einige los, um die Kinder zu suchen.

Was war aber mit dem Bus aus Schachty geschehen? Bevor der ungläubige Fahrer um 18 Uhr losfuhr, sagte er zu dem Bruder, der mitfuhr: »Mir ist das Herz so schwer, ich fürchte es wird schiefgehen. Ich habe keine Lust zu fahren und die Kinder zu holen.« Er überlegte ein wenig, und sagte dann: »Nun gut; fahren wir trotzdem.«

Der Bus war noch ganz neu und er fuhr recht gut. Kaum aber war der Fahrer aus Schachty heraus, da merkte er, daß etwas am Bus nicht in Ordnung sei. Es roch plötzlich stark nach Rauch und der Fahrer hielt an, so schnell er konnte, hob die Motorhaube an und sah, daß ein Kabel in Brand geraten war. Der Fahrer war sehr erschrocken und sagte zu dem Bruder: »Dies ist ein deutliches Zeichen für mich, daß ich diese Fahrt nicht machen darf. Ich fahre keinen Schritt weiter!« So kehrte er um und fuhr nach Schachty zurück.

Es dauerte natürlich mehrere Stunden, bis der Bruder wieder in Rostow war, und so erfuhren die Geschwister dort erst in der Nacht, daß der Bus aus Schachty gar nicht im Wald gewesen war. Einerseits waren sie natürlich erleichtert, andererseits blieb die Frage offen: Wie kommen die Kinder nach Rostow? Wird es ein Kinderfest geben oder nicht?

Warten auf den Bus

So verlief der Tag, an dem sich viele Menschen große Sorgen machten: die Christen suchten nach Mitteln und Wegen, um die Kinder sicher zum gewünschten Ort zu bringen — und die Miliz mit ihren vielen Helfern in Zivil suchte das Vorhaben der Christen zu verhindern. Es ging dem KGB darum, diejenigen herauszufinden, die aktiv in der Kinderarbeit standen, um sie zu verhaften.

Auf sämtlichen Wegen, die nach Rostow führten, hielt die Verkehrsmiliz Wache. Sie war sich ihrer Macht bewußt und ganz ruhig: der »Hase« mußte einfach in die Falle laufen! Aber die Atheisten hatten nicht einkalkuliert, daß die Christen auch eine — wenngleich unsichtbare — Macht besitzen: nämlich ihr Vertrauen auf Gott. Es gab ja auch sonst niemanden, von dem sie Hilfe erwarten konnten.

Im Wald aber wußten die Kinder und ihre Gruppenleiterinnen nichts von den vielen Bemühungen und Sorgen der Rostower Gläubigen. An diesem Morgen waren alle schon früh wach. Wie immer stand um neun Uhr das Frühstück auf dem Tisch. Danach bekam ein jeder von Onkel Pawel eine Aufgabe zugeteilt.

»Wie ihr wißt, Kinder, sind wir heute den letzten Tag hier. Um zwölf Uhr kommt ein Bus aus Rostow, dann fahren wir alle zusammen hin. Dort übernachten wir bei verschiedenen Familien, ruhen uns ein wenig aus und morgen abends wird dann das Kinderfest stattfinden. Bis der Bus hier ist, muß noch vieles erledigt werden. Die größeren Jungen werden die Zelte abbauen; die anderen tragen das Stroh zusammen — wir verbrennen es nachher. Die Mädchen bekommen ihre Aufgaben von Tante Lydia zugewiesen. Als erstes aber packt jeder seine Sachen zusammen und bringt sie zum Aufbewahrungslager.«

Nach dem Gebet gingen alle an die Arbeit. Die persönlichen Sachen waren schnell eingepackt. Die Gruppenleiterinnen nahmen das Gepäck in Empfang und legten es zu den übrigen Sachen. Jeder Koffer wurde beschriftet, damit keine Verwechslungen stattfinden konnten.

Inzwischen hatten die Köchinnen das Geschirr gespült und halfen nun auch mit. Aus den Luftmatratzen wurde die Luft herausgelassen, dann wurde die Bettwäsche zusammengetragen. Später wurde

Schnell geht's ans Abräumen!

sie von einigen Frauen gewaschen und schließlich an einer geheimen Stelle für den nächsten Sommer aufbewahrt. Die Decken und Kissen kamen an einen anderen Ort.

Inzwischen waren Helfer aus Rostow eingetroffen; sie luden alles in die Autos und als es endlich Mittag war, sah man auf der Lichtung kaum noch etwas von dem Freizeitlager. Nur der große Strohhaufen, den man noch verbrennen wollte, war übriggeblieben.

Doch als um 12 Uhr noch immer kein Bus da war, beschloß man, den Kindern noch ein Mittagessen zu geben. Dieses kam zwar etwas später als sonst, doch die Köchinnen hatten sich noch einmal sehr viel Mühe gegeben und so schmeckte es vortrefflich.

Die Kinder gingen nach dem Essen spielen, die Erwachsenen aber begannen sich Sorgen zu machen: Wo blieb der Bus? Sie beschlossen, daß die Helfer aus Rostow losfahren und erkunden sollten, wo der Bus sei.

Am frühen Abend kamen diese mit der Nachricht zurück, daß ein Bus in Rostow nicht zu bekommen, aber einer aus Schachty unterwegs sei — man solle also noch etwas Geduld fassen. Doch gleichzeitig waren die Helfer sehr beunruhigt, denn sie hatten festgestellt, daß alle Wege nach und von Rostow bewacht wurden.

Da vom Mittagessen viel übrig geblieben war, deckten die Köchinnen abermals den Tisch. Nach dem Abendbrot versammelten sich alle wieder zu einer Gebetsgemeinschaft.

Einer der Besucher informierte die Kinder: »Wir waren heute nachmittag in Rostow. Alle Straßen, die zur Stadt führen, werden von Milizbeamten kontrolliert, so daß es scheinbar keine Möglichkeit gibt, dorthin zu gelangen. Laßt uns den Herrn bitten, daß Er uns einen Weg zeigt, wie wir dennoch hinkommen können.«

An diesem Gebet beteiligten sich die Kinder besonders. Sie wollten es gar nicht fassen, daß das Fest, auf das sie sich so gefreut hatten, nicht stattfinden sollte. Dann fuhren die Besucher zurück.

Onkel Pawel sagte zu den Kindern: »Wir werden euch jetzt in Gruppen aufteilen. Jede Gruppe wird von einem Erwachsenen geleitet. Merkt euch ganz genau, wer zu wem gehört. Jede Gruppenleiterin hat eine Anschrift, die sie in Rostow aufsuchen soll. Wir werden in verschiedenen Häusern übernachten und morgen abend an dem Ort zusammenkommen, wo das Kinderfest gefeiert wird. Ich bitte euch dringend, genau achtzugeben auf das, was die Leiterinnen sagen werden, damit alles gut verläuft. Und jetzt singen wir noch einige Lieder, der Bus aus Schachty wird bald hier sein.«

Vor dem Schlafengehen halten die Kinder noch eine Andacht und singen einige Lieder.

Begeistert nahmen die Kinder den Vorschlag auf. Sie waren ohnehin schon aufgeregt, denn die Reise versprach abenteuerlich zu werden. Als jedoch der Bus um Mitternacht immer noch nicht da war, sprach Onkel Pawel mit den Gruppenleiterinnen und wandte sich dann an die Kinder: »Es scheint, daß der Bus aus Schachty doch nicht kommt. Es ist Zeit zum Schlafengehen. Wir haben zwar keine Decken und Matratzen mehr, aber wir werden ein Feuer machen. Um das Feuer herum können wir Stroh hinlegen und darauf werden wir schlafen. Es ist zwar etwas kühl, doch es wird schon gehen.«

Schnell war ein Feuer angezündet und es dauerte nicht lange, da lagen alle Kinder um das Feuer. Aber an Schlafen dachte natürlich niemand. Sie fanden es einfach herrlich, so unter freiem Himmel zu liegen. Die meisten machten sich kaum Gedanken darüber, wie es weitergehen sollte — Onkel Pawel würde schon einen Ausweg finden.

Onkel Pawel ging inzwischen von einem Kind zum anderen und schaute nach dem Rechten. In seinem Kopf aber arbeiteten die Gedanken und er bat Gott, ihnen doch zu helfen und zu zeigen, wie sie nach Rostow kommen könnten. Plötzlich durchfuhr ihn ein Gedanke und nach kurzem Überlegen beschloß er, am nächsten Morgen mit den Gruppenleiterinnen darüber zu sprechen.

Die Kinder waren müde von dem verflossenen Tag und trotz ihres Vorsatzes, die ganze Nacht wach zu bleiben, schlief eins nach dem anderen ein. Nur Onkel Pawel hielt Wache. Gegen zwei Uhr morgens hörte er ein Auto näherkommen und sah, daß es aus Rostow war. Wie erleichtert war der Fahrer, als er die Kinder schlafend am Feuer vorfand! »Gott sei Dank, daß ihr hier seid! Wir dachten schon, ihr seid in irgendeiner Milizstation gelandet«, sagte er.

»Ja, wir warten immer noch auf den Bus aus Schachty. Was da wohl passiert sein mag? Doch meine erste Sorge gilt jetzt den Kindern. Es ist doch ziemlich kühl hier, wir brauchen Decken«, erwiderte Onkel Pawel.

»Gut, ich hole die Decken, dann sprechen wir weiter.«

Gegen drei Uhr morgens waren alle Kinder zugedeckt und schliefen fest. Onkel Pawel und der Fahrer saßen ein wenig abseits und berieten sich miteinander.

»Selbst wenn der Bus aus Schachty noch kommen sollte, sehe ich keine Möglichkeit, daß ihr nach Rostow durchkommt, denn die

Trotz ihres Vorsatzes, wach zu bleiben, schlafen die Kinder eins nach dem anderen ein.

Kontrolle ist sehr genau«, sagte der Fahrer.

Onkel Pawel schwieg eine Zeitlang, dann sagte er: »Ich habe einen Plan. Hier in der Nähe liegt eine kleine Stadt, die eine Eisenbahnverbindung nach Rostow hat. Man muß umsteigen und es ist ein Umweg, aber kein großer. So denke ich, wir fahren heute früh mit dem Zug nach Rostow. Wenn alles gut geht — das heißt, wenn wir Fahrkarten bekommen —, sind wir nachmittags an Ort und Stelle.«

»Gut! Ich werde die Familien aufsuchen, zu denen die Kinder kommen sollen, damit sie von eurer Ankunft wissen und das Essen fertig ist. Wir können aber in Rostow nicht bei Geschwistern Sacharow zusammenkommen, denn die Straße ist von Milizbeamten abgesperrt. Hier ist die Anschrift des Hauses, in dem das Fest stattfinden wird. Die Familien, in denen die Kinder untergebracht werden, wissen auch schon Bescheid. Und nun Gott befohlen! Man wartet in Rostow ungeduldig auf eine Nachricht, wo ihr geblieben seid.«

Der Fahrer verabschiedete sich und fuhr nach Rostow zurück. Onkel Pawel aber schlief in dieser Nacht nicht, sondern ließ sich den Plan immer wieder durch den Kopf gehen, um auch sicher zu sein, daß er nichts übersehen hatte...

Eine abenteuerliche Fahrt
nach Rostow

Vor dem Frühstück erklärte Onkel Pawel den Gruppenleiterinnen seinen Plan und alle waren damit einverstanden. Den Kindern teilte man nur mit, daß sie mit dem Zug fahren würden, und ermahnte sie, genau auf alles achtzugeben, was die Gruppenleiterinnen ihnen sagen würden.

Nach dem Frühstück waren auch schon einige Autos aus Rostow da, um die Kinder zum Bahnhof zu bringen. Dann wurden die Decken an ihren Ort gebracht und die letzten Spuren des Freizeitlagers beseitigt. Die Kinder schauten noch einmal zurück. Ob sie diesen Platz je wiedersehen würden?

Ohne Schwierigkeiten bekamen die Gruppenleiterinnen die Fahrkarten. Dieser Zug fuhr nur zwischen einigen nahegelegenen Städten und zudem einige Male am Tag, deshalb war es leichter, Karten zu erhalten. (Sonst mußte man in den Ferien oft tagelang, manchmal sogar wochenlang auf eine Fahrkarte warten.) Jede Gruppenleiterin stieg mit ihrer Gruppe in ein anderes Abteil — und nach ihrem Verhalten zu schließen hätte ein Außenstehender annehmen müssen, daß die Gruppen nichts miteinander zu tun hatten.

Da die Familien, in denen die Kinder untergebracht werden sollten, in verschiedenen Stadtteilen von Rostow wohnten, ergab es sich von selbst, daß die Gruppen an verschiedenen Stationen ausstiegen. So gelangten die Kinder ohne jegliche Hindernisse nach Rostow und zu den angegebenen Familien. Sie wurden sehr freundlich aufgenommen, bekamen ein kräftiges Abendbrot und ruhten dann noch ein wenig aus. Froh dankten und lobten sie Gott für seine Hilfe! Sie waren fest davon überzeugt: wenn der Herr dies alles bis jetzt so wunderbar geführt hatte, dann würde Er es auch weiterhin tun.

Als die Milizbeamten gegen Abend noch immer keinen Fang in ihren Netzen hatten, wurden sie unruhig. Sie hielten alle Autos an und wenn jemand von den Insassen ihnen verdächtig — das heißt christlich — vorkam, dann befahlen sie ihm, bestimmte derbe Schimpfworte zu sagen. Die Logik war einfach: sagte der Betreffende sich davon los, so war er ein Christ! Doch auch von den Ungläubigen weigerten sich einige, diesem gemeinen Befehl nachzukommen, und so wurden sie nicht in die Stadt hineingelassen. Als die außerhalb von Rostow wohnenden Christen von diesen Maßnahmen erfuhren, stiegen sie kurz vor der Kontrolle aus den Bussen und machten einige Kilometer Umweg zu Fuß.

Am Haus von Sacharows hielten vom frühen Morgen viele Milizautos und Dutzende von Milizbeamten sowie Zivilisten Wache. Die Zeit verging, doch niemand von den Gläubigen versuchte sich dem Haus zu nähern. Der Leiter der Aktion gab sich allerlei Vermutungen hin. »Es kann doch nicht sein, daß diese Sektierer ihr Vorhaben aufgegeben haben, denn was sie sich vornehmen, das führen sie auch durch — es koste, was es wolle. Ich kenne doch diese Leute!« sagte er zu seinem Stellvertreter.

»Ja,« erwiderte dieser, »dafür gibt es Beweise, die wir von unseren Wachposten bekommen haben. Diese haben ein paar Gläubige mit Kindern festgenommen, die bestimmt zu dem Kinderfest wollten. Doch auf all unsere Fragen nach dem Wohin sagen sie kein Wort!«

»Wir müssen unsere Männer zu allen Häusern in der Stadt

In die Häuser der Gläubigen in Rostow werden Milizbeamten geschickt, um herauszufinden, ob die Kinder der »Waldkirche« da seien.

schicken, in denen Gläubige wohnen, um uns einen Überblick über die Situation zu verschaffen,« sagte der Chef. »Hier habe ich den Stadtplan, worin alle Häuser, in denen Christen wohnen, angekreuzt sind.«

Sein Stellvertreter nickte. »Das wird noch viel Zeit und Leute kosten. Aber hier herumstehen nützt uns auch nichts, sonst bekommen wir morgen einen Rüffel.« Der Offizier schaute sich um, um sich zu vergewissern, daß er vond en anderen nicht gehört wird und meinte nachdenklich: »Ach, am liebsten wäre ich jetzt bei meiner Familie! Wen hindern denn diese Christen, daß wir sie wie Verbrecher fangen müsen?«

»Nun,« sagte der Leiter, »wir sind Untergeordnete und haben über Befehle nicht zu diskutieren.«

Ihm erging es genau so wie seinem Stellvertreter. Er hatte auch Kinder und liebte sie sehr. Oftmals hatte er beobachtet, wie die Christen für ihre Kinder ihre eigene Freiheit, Gesundheit und Leben nicht schonten, und er war fasziniert von ihrer opferbereiten Elternliebe. Doch sein Mitgefühl für die Christen konnte er nicht offen zeigen und so versuchte er nur nach Möglichkeit die Brutalität der Befehle von oben etwas abzumildern.

Als der Stellvertreter sich auf den Weg machte, um die Leute in alle Richtungen zu schicken, nahm der Leiter per Funk die Verbindung mit den Kontrollposten auf und gab ihnen den Befehl, die festgenommenen Christen auf freien Fuß zu setzen.

Das Kinderfest

Während die Miliz das Erscheinen der Christen an Sacharow's Haus abwartete und dann neue Entscheidungen traf, versammelten sich die Gläubigen in einem anderen Stadtteil Rostows — an dem Ort, wo das Kinderfest stattfinden sollte. Schon vor 18 Uhr waren alle Kinder aus der »Waldkirche« und noch einige Hundert Kinder aus Rostow und den benachbarten Städten ohne besondere Schwierigkeiten dort eingetroffen.

Doch kaum waren die Kinder in dem Haus verschwunden, da näherte sich auch schon ein Milizauto nach dem anderen. Schnell war die ganze Straße von Milizbeamten, Helfern in Zivil und Autos abgesperrt.

Die Ordnungshüter wollten sogleich das Haus betreten und die Kinder mitnehmen, doch da stießen sie auf Widerstand. In festen Reihen standen Erwachsene vor der Tür, so daß keiner von den Beamten ins Haus gelangen konnte. Es blieb ihnen nichts anderes übrig als zu den Fenstern zu gehen und durch diese hineinzuschauen; die anderen standen im Hof oder saßen in den Autos und warteten ab, wie es weitergehen würde.

Das von den Kindern der »Waldkirche« vorbereitete Gottesdienstprogramm dauerte ungefähr drei Stunden. Die Jungen vom »Bruderrat« hatten zusammen mit Onkel Pawel beschlossen, dem 14jährigen Vitalij die Leitung anzuvertrauen: er sollte durch das Programm führen. Vitalij war zwar etwas zu klein für sein Alter, aber er nahm seine Aufgabe sehr ernst.

Während drinnen der Gottesdienst im Gange war, liefen draußen die Verhandlungen mit der Miliz. Immer wieder versuchten sie, die an der Tür stehenden Erwachsenen mit Drohungen einzuschüchtern und sie zu bewegen, ihnen den Weg ins Haus freizumachen.

Immer wieder hörte man: »Wir schalten das Licht ab, wenn ihr nicht sofort auseinandergeht!«

»Wir holen noch Verstärkung! In einer Viertelstunde werden nochmal so viele Helfer hier sein!«

»Wir holen die Soldaten, die werden schon den Weg ins Haus freimachen und alle Kinder zur Milizstation bringen!«

Die Christen hörten diese Drohungen und dachten dabei: Jetzt wird es losgehen... Eigentlich waren sie daran gewöhnt. Erstaunlicherweise blieben aber die Drohungen nur leere Worte. Freilich konnten sie nicht wissen, daß der Chef einen Befehl gegeben hatte, keine Gewalt anzuwenden.

An den offenen Fenstern standen Beamten, hörten zu, was die Kinder vortrugen, und konnten gar nicht begreifen, was da vor sich ging.

»Der Chor der Waldkirche wird ein Lied singen«, kündigte Vitalij gerade an. Und die Kinder sangen mit solcher Begeisterung, daß es zu Herzen ging.

»Jetzt hören wir, was die Bibel über die Liebe Gottes sagt«, ertönte Vitalijs Stimme und hell klang es aus den Reihen:

»Gott aber erweist seine Liebe gegen uns darin, daß Christus für uns gestorben ist, da wir noch Sünder waren (Römer 5, 8).«

Eine andere Stimme sagte: »Sehet, welche Liebe hat uns der Vater erzeigt, daß wir Gottes Kinder sollen heißen! Darum kennt euch die Welt nicht, denn sie kennt ihn nicht (1. Johannes 3, 1).«

Sofort erhob sich ein drittes Mädchen: »Also hat Gott die Welt geliebt, daß er seinen eingeborenen Sohn gab, auf daß alle, die an ihn glauben, nicht verloren werden, sondern das ewige Leben haben (Johannes 3, 16).«

Während des Kinderfestes tragen die Kinder Gedichte und Lieder vor.

So wechselten Gedichte, Lieder und Bibelverse miteinander ab. Es war zu merken, daß die Kinder sich viel Mühe gegeben und das Programm gut vorbereitet hatten.

Vom Hof her aber ertönten immer neue Drohungen. Die leitenden Brüder beratschlagten miteinander und kamen zu dem Schluß, daß diese Drohungen nur dazu dienen sollten, um die Gläubigen einzuschüchtern. So wandte sich Onkel Pawel lächelnd mit folgenden Worten an die Kinder:

»Kinder, ihr seht ja selber, wie die Atheisten verlangen, daß wir auseinandergehen sollen. Ihr Plan besteht darin, uns einzuschüchtern. Sie drohen, Soldaten hierherzuschicken, damit diese uns auseinanderjagen. Unser Ziel aber ist es, Gott zu verherrlichen und zu loben. Was meint ihr, sollen wir bleiben oder auseinandergehen?«

»Blei-ben! Blei-ben!« erscholl es sofort aus Hunderten von Kinderkehlen. Die an den Fenstern stehenden Milizbeamten waren überrascht über diese Einmütigkeit der Kinder. So etwas hatten sie noch nie erlebt.

Vitalij erhob sich und sagte zu den Brüdern: »Ich bitte euch im Namen aller Kinder, den Beamten zu sagen, daß wir das vorbereitete Programm zu Ende führen möchten. Wenn wir damit fertig sind, dann gehen wir auseinander.«

Ein Offizier, der an einem der Fenster stand, kam nicht aus dem Staunen heraus. »Wer ist denn hier der Leiter?« fragte er den neben ihm stehenden Beamten.

»Dort weiter in der Mitte steht er«, antwortete dieser.

»Wie, dieser Knirps? Das ist ja einmalig! Was sind das eigentlich für Kinder?«

»Es sind Kinder, deren Eltern Christen sind.«

»Ich verstehe das nicht. Wovon sprechen sie denn? Ich habe noch nie so etwas gehört!«

Als das Programm der Kinder zu Ende war, hielt Pjotr Danilowitsch die Schlußpredigt.

Danach gingen einige Brüder nach draußen und wandten sich an die Männer im Hof: »Hören Sie mal zu! Sie haben nicht nur den ganzen Hof, sondern auch die Straße eingenommen. Die Kinder sind mit dem Programm fertig, aber solange noch einer von Ihnen hier auf dem Hof ist, geht keins von ihnen nach Hause. Die Kinder müssen ja richtig Angst bekommen, wenn sie so viele Milizbeamte und

Autos sehen! Also räumen Sie bitte den Hof und stellen Sie auch die Autos weiter entfernt ab.«

Die Beamten waren überrascht und beratschlagten eine Weile miteinander. Dann meinte einer von ihnen: »Gehen wir ruhig darauf ein! Die meisten Kinder sind von hier und entkommen uns sowieso nicht, wir können sie jederzeit herausverlangen. Es sind aber auch fremde Kinder von der sogenannten 'Waldkirche' hier, die das Programm durchgeführt haben. Dieses Sommerlager wird schon seit vielen Monaten vergeblich gesucht. Wenn wir diese Kinder kriegen könnten, dann wären ihre Eltern gezwungen, die entscheidenden Informationen zu geben. Falls die Eltern sich weigern, werden wir ihnen androhen, ihre Kinder in einem Kinderheim zu unterbringen, wo sie atheistisch erzogen werden. Also alle Aufmerksamkeit auf die 'Waldkirche' richten! Die Kinder können sich ohnehin nirgends verstecken. Laßt sie nur herauskommen, auf der Straße nehmen wir sie schon fest!«

Nach einigen Minuten war der Hof leer und auch die Straße nicht mehr so voll von Menschen.

Die Kinder aus der »Waldkirche« bekamen den Befehl, sich jeweils zu zweit in einer Schlange aufzustellen. Ohne Worte stellten sie sich so hin, daß jedes Kind in die Nähe seiner Gruppenleiterin kam. Noch einmal ermahnte Onkel Pawel sie, auf die Gruppenleiterinnen zu hören, und dann gingen sie alle zusammen zur Bushaltestelle.

»Hab's mir doch gedacht«, flüsterte ein Beamter seinem Kollegen zu. »Sie gehen zur Haltestelle. Hier geht nur ein Bus vorbei. Sobald die Kinder im Bus sind, geben wir dem Fahrer den Befehl, sie geradewegs zur Milizstation zu bringen. Die haben wir also!« Und zufrieden rieb er sich die Hände.

Auch die anderen Beamten hatten bemerkt, daß die Kinder zur Haltestelle gingen, und warteten geduldig, was weiter geschehen würde. Doch kurz vor der Haltestelle — wie auf ein geheimes Zeichen hin — verschwanden die Kinder in der Dunkelheit.

Die Beamten blieben zunächst verblüfft stehen. Dann machten sie sich daran, die Kinder zu suchen — doch diese blieben unauffindbar. Da es hier viele kurze Straßen und keine Straßenbeleuchtung gab, war es ein Leichtes, schnell zu verschwinden...

Die Kinder kamen zu ihren Quartieren und übernachteten dort — und am nächsten Tag ging's dann nach Hause. Manch einer hatte

Aufmerksam verfolgen die Milizbeamten das Geschehen.

zwar eine schwierige Heimreise, weil die Fahrkarten ausverkauft waren — einige mußten sogar den doppelten Preis für die Fahrkarten bezahlen —, doch niemand wurde von der Miliz erwischt.

Am darauffolgenden Tag ershienen Milizbeamte in den Häusern der Gläubigen in Rostow, um die Kinder zu suchen. Sie kamen nicht aus dem Staunen heraus:

»Wo sind denn die Kinder geblieben?«

»Wie sind sie überhaupt nach Rostow gekommen?«

»Drei Tage und Nächte lang haben wir jede Straße bewacht und doch haben wir sie nicht erwischt. Wie geht das nur zu?«

Ja, es war ein Wunder Gottes — Seine Antwort auf die Gebete der Kinder!

Einige Jahre später

An einem schönen Augusttag kamen aus vielen Städten und Dörfern Gläubige nach Woroschilowgrad. Dort fand die Doppelhochzeit der Geschwister Natascha und Wladimir Rytikow statt, die auch in der »Waldkirche« gewesen waren. Alle waren froh gestimmt; doch mischte sich in ihre Freude ein wenig Trauer, denn zwei Menschen waren nicht anwesend, die eigentlich bei solch einem Freudenfest da sein sollten: der Vater von Natascha und Wladimir — Onkel Pawel — und ihr Bruder Sergej.

Nach jener Sommerfreizeit war Onkel Pawel schon zum zweiten Mal in Haft. Auch im Jahr 1979 hatte er eine christliche Kinderfreizeit durchgeführt. Als man danach die Kinder nach Hause brachte, wurde die ganze Gruppe am Bahnhof der Stadt Lwow von Milizbeamten umringt. Die Kinder kamen zwar alle glücklich nach Hause, doch Onkel Pawel, sein Sohn Wladimir und Galina Wiltschinskaja — die Gruppenleiter der Freizeit — wurden verhaftet und zu drei Jahren Straflager verurteilt. Dies war der Preis, den sie dafür zahlen mußten, daß sie den Kindern von Gott erzählt hatten. Die Gruppenleiterin Lydia Bondar konnte damals mit den Kindern entkommen und noch einige Jahre ihren Dienst tun, bis auch sie verhaftet und zu drei Jahre Lagerhaft verurteilt wurde.

Drei Jahre später kam Onkel Pawel wieder nach Hause. Die Freude des Wiedersehens war unbeschreiblich! Die Kinder, die seinerzeit an der Freizeit teilnahmen, waren inzwischen herangewachsen; in ihren Herzen aber hatten sie sich die Achtung und Liebe zu Onkel Pawel bewahrt, der ihnen geholfen hatte, ihr Leben ganz bewußt dem Dienst für den Herrn zu weihen.

Onkel Pawel durfte sich jedoch nicht lange der Freiheit erfreuen: da er weiterhin für den Herrn wirkte, wurde er erneut verhaftet und verurteilt. Wieder war der Platz des Vaters in der Familie leer — und für Natascha und Wladimir war es sehr schmerzlich, daß ihr Vater an diesem schönen Tag ihres Lebens nicht dabei sein konnte, zumal Wladimir aus eigenem Erleben wußte, wie schwer der Vater es gerade an Sonntagen hatte. Er befand sich unter Kriminellen und da gibt es sonntags oft keine Möglichkeit, in Ruhe über das Wort Gottes nachzudenken und zu beten. Dort hört man nur Fluchen, Schimpfen und Schreien. Wie sehnt sich ein Gläubiger besonders an den

Sonntagen danach, Gemeinschaft mit anderen Christen zu haben!

Nicht weniger schmerzte es, daß auch ihr Bruder Sergej nicht an der Hochzeitsfeier teilnehmen konnte. Für Sergej's geistliches Leben war jene Kinderfreizeit von entscheidender Bedeutung. Damals war er fünfzehn Jahre alt und noch während der Freizeit hatte er sich entschlossen, sich taufen zu lassen und damit ein Mitglied der Gemeinde zu werden. Er schätzte die Brüder sehr, die oft zu Besuch in die »Waldkirche« kamen — besonders Michail Iwanowitsch hatte es ihm angetan. Dessen aufopfernder Dienst war für ihn eine Herausforderung, sich selber voll und ganz dem Dienst des Herrn zu weihen. So beschloß er nach vielen Gebeten und Gesprächen mit den Eltern und den leitenden Brüdern, sich in der Verbreitung christlicher Literatur einzusetzen. Schon seit geraumer Zeit wohnte er nicht mehr zu Hause. Die Behörden hatten natürlich erfahren, daß Sergej »untergetaucht« sei, und so wurde nach ihm gesucht.

Vor der Hochzeit konnte Sergej sich mit der Mutter treffen und unter Tränen äußerte er seinen Wunsch, doch endlich wieder einmal die Familie sehen und bei der Hochzeitsfeier dabei sein zu können. Seine Mutter antwortete:

»Mein Sohn, du mußt wählen. Du weißt, daß die Behörden dich suchen. Beides kannst du nicht tun: auf der Hochzeit sein und den Dienst weiterhin tun. Denn das eine ist sicher: bei der Hochzeit werden Milizbeamte dabei sein! Wladimir wurde von den Beamten schon zu einem Gespräch geholt. Man stellte ihm eine Bedingung: entweder er unterschreibt, daß er nicht mehr in der Gemeinde tätig sein wird, und dann kann er seine Hochzeit feiern — oder man verhaftet ihn und die Hochzeit findet nicht statt! Es war sehr schwer für ihn, eine Entscheidung zu treffen, doch Gott gab ihm die Kraft, daß er nicht unterschrieb. Nach langem Hin- und Herreden, Drohen und Schreien ließ man ihn für dieses Mal doch nach Hause. Wie die Hochzeit verlaufen wird, das weiß allein Gott — aber daß Beamte anwesend sein werden, das ist gewiß. Mein Sohn, denke daran: ein jeder Dienst fordert Opfer! Doch Gott nimmt uns nie etwas weg, wofür Er nicht etwas Besseres bereitet hat. Die Treue im Dienst belohnt Er immer.«

»Ja, Mutter«, antwortete Sergej, »ich weiß, du hast recht. Gott hat mich in der vergangenen Zeit reichlich gesegnet und ich bin Ihm dafür von Herzen dankbar. Vielleicht kommt noch mal eine Zeit, wo wir als Familie alle zusammen sein können, wo es keine Trennungen um Christi willen mehr geben wird. Auch wenn es diese Zeit hier auf Erden nicht mehr geben sollte, so weiß ich doch gewiß: im Himmel werden wir ewig zusammensein! Dies ist mein Trost, wenn mich das Heimweh nach meinen Eltern und Geschwistern packt.«

Wie recht seine Mutter haben sollte, erwies sich später. Zur Hochzeit waren nicht nur über 700 Freunde und Verwandte, sondern auch sehr viele Milizbeamte in Uniform und in Zivil gekommen. Sie störten zwar nicht die Hochzeit, schrieben aber die Namen von vielen Gläubigen auf, um sie später zur Verantwortung zu ziehen.

Vielen kamen die Tränen, als ein großes Foto von Onkel Pawel ins Zelt gebracht und an der Wand über einem leeren Stuhl neben den Brautleuten befestigt wurde. Wenn er selbst auch nicht teilnehmen konnte, so wollte man ihn wenigstens im Foto dabei haben!

Auch der Vater von Wladimirs Braut Ljudmila konnte nicht anwesend sein, weil er seinen verantwortungsvollen Dienst im Untergrund tat. Doch er hatte seine Glückwünsche an die beiden Brautpaare auf Kassette gesprochen und diese wurde vorgespielt, was den anwesenden Beamten natürlich gar nicht paßte. Sie suchten ihn ja

Wladimir Rytikow, sein Vater Pawel Rytikow und Galina Wiltschinskaja, die nach der Kinderfreizeit 1979 verhaftet wurden.

schon lange, um ihn zu verhaften — und hier hörten sie seine Stimme und konnten ihn doch nicht ergreifen!

Es wurde Abend und die Gäste fuhren einer nach dem anderen nach Hause. Nur einige blieben zurück: es waren diejenigen, die einige Jahre zuvor an der »Waldkirche« teilgenommen hatten. Wie verschieden war doch ihr Leben in den vergangenen Jahren verlaufen! Doch eins hatten sie gemeinsam: all diese Jahre hindurch war ihre Liebe zur »Waldkirche« geblieben, sie hatten stets füreinander gebetet und sie freuten sich, daß einer nach dem anderen irgendeinen Dienst in der Gemeinde übernahm.

Jemand schlug vor, die Nacht im Austausch von Erinnerungen und Erfahrungen und im Gebet zu verbringen. Diese Anregung wurde mit Begeisterung von allen aufgenommen. Die größte Freude für alle Anwesenden war, daß Tante Ljuba auch unter ihnen war. Viele nannten sie jetzt einfach Ljuba, doch war sie ihnen genauso lieb wie damals geblieben.

Ljuba Dontschenko hatte inzwischen drei Jahre Lagerhaft hinter sich, doch diese schwere Zeit hatte sie nicht gebrochen: sie war wie immer froh und freundlich. Sie fragte: »Wißt ihr noch, wie Onkel Pawel euch so oft ermahnte, nicht so laut im Wald zu singen?« Viele nickten mit den Köpfen und lächelten dabei.

»Nun, ich denke, ein jeder von euch hat inzwischen schon erfahren, welchen Trost Lieder bringen können. Ich singe auch sehr gerne. Und die Singstunden damals mit euch haben dazu beigetragen, daß ich so manches Lied auswendig kann, denn einige bestimmte Lieder habt ihr damals besonders oft gesungen. Als ich verhaftet wurde und ins Straflager kam, haben mir die Lieder sehr geholfen. Wir haben ja Lieder für jede Lebenslage: ob man gerade froh oder traurig ist. Und Gott tröstet uns auf wunderbare Weise durch Lieder.

Ja, im Straflager war es manchmal sehr schwer, doch der Herr schenkte es mir, daß ich das Singen auch dort nicht verlernte habe. Die gefangenen Frauen konnten es nicht verstehen, daß ich selbst dann singen konnte, wenn es fast unerträglich wurde. Sie baten mich oft, ihnen etwas vorzusingen. Und nicht selten ergab sich nach einem Lied ein Gespräch und ich konnte ein Zeugnis für meinen Herrn ablegen.

Eines Tages baten mich die Mithäftlinge, alle Lieder, die ich kannte, aufzuschreiben — sie wollten wissen, wie viele ich im Gedächtnis hatte. Von jedem Lied, von dem ich wenigstens eine Strophe kannte, schrieb ich die erste Zeile auf. Nach dem Zusammenzählen zeigte sich, daß es über dreihundert Lieder waren, und da staunten sie nicht wenig. Von dem Abend an hieß es oft: 'Sing uns das Lied Nr. 20 vor...' oder: 'Sing uns das Lied Nr. 135 vor...' Da habe ich den Trost schätzen gelernt, den mein Herr mir auf diesen schweren Weg mitgegeben hatte.«

»Und die Bibelverse, die wir damals gelernt haben, sind mir unauslöschlich im Gedächtnis geblieben«, sagte Nikolaj. »Dadurch habe ich überhaupt erst die Bibel schätzen und lieben gelernt und es reizte mich, immer neue Bibelverse zu lernen. Jetzt, wo ich als Prediger tätig bin, ist das ein Schatz, den mir niemand rauben kann. Oft werden mir verschiedene Fragen gestellt, und da hat mir dieser Schatz an Bibelversen immer sehr gute Dienste getan.«

»Es sind schon Jahre vergangen, doch die Predigt von Nikolaj Georgijewitsch beim Erntedankfest in der 'Waldkirche' werde ich nicht vergessen. Er ist ja für seinen Dienst in der Gemeinde nun wieder in Haft, doch er ist mir stets ein Vorbild dafür geblieben, wie man sich dem Dienst für den Herrn hingeben soll«, meinte Grigorij.

»Wie mag es wohl Tante Lydia jetzt gehen?« mischte sich Natascha ins Gespräch ein. »Sie hatte immer ein Herz für unsere kleinen Sorgen und Probleme, sie hatte uns so viel von Jesus erzählt. Und unseretwegen ist sie jetzt in Haft. Sie opferte sich ganz für uns auf. Könnte ich doch in meinem Leben stets auch so für andere dasein!«

»Ja, durch manche Schwierigkeiten sind wir in den vergangenen Jahren gegangen«, fügte Grigorij hinzu. »Nikolaj Georgijewitsch, Michail Iwanowitsch, Michail Lawrentjewitsch, Onkel Pawel, die Väter von Sweta, Wasilij, Nikolaj, Viktor, Wladimir, Leonid, Pawel, Nadja und viele andere sind wieder in Haft, nur weil sie auch weiterhin von Gott und seinem Wirken Zeugnis ablegten, weil sie christliche Literatur herstellten und verbreiteten, weil sie nicht davon abließen, den Kindern von Gott zu erzählen.

Doch ihre Leiden sind nicht vergeblich. Der Herr hat ihren Einsatz schon hier auf Erden reichlich gelohnt, und ein jeder von uns ist ein lebendiges Zeugnis dafür. Hier unter uns sind Prediger, Dirigenten, Gemeinde-, Jugend- und Kindergruppenleiter. Der Dienst einiger ist den anderen kaum bekannt, weil es nicht möglich ist, darüber

Die früheren Mitglieder der »Waldkirche« sind in verschiedenen Bereichen des Gemeindelebens tätig, einige sogar in der Geheimdruckerei.

laut zu sprechen; doch Gott segnet diese unsere Geschwister in besonderer Weise. Einige, die mit uns waren, können heute nicht hier sein, obwohl sie es sich von Herzen wünschen. Könnt ihr euch an ein Mädchen in unserer 'Waldkirche' namens Tanja erinnern?«

»Ja, ja,« nickten viele, »das war doch die Tanja, die Onkel Pawels Schuh versteckte und sich ein paar Tage später bekehrte.«

Grigorij lächelte:»Ja, und jetzt macht unsere Tanja den Dienst in einer 'Waldkirche' als Gruppenleiterin. Sie hat in besonderer Weise die Not der Einsamkeit derjenigen Kinder verstanden, die keinen Vater haben. Sie selbst hat ja durch die Herzenswärme unserer Gruppenleiterinnen die Liebe Jesu kennengelernt. Jetzt gibt sie diesen Reichtum an die halbverwaisten Kinder weiter. Ich glaube, viele würden unsere Tanja jetzt kaum wiedererkennen.

Es ist nicht zu überschätzen, wieviel unsere 'Waldkirche' dazu beigetragen hat, daß wir uns über unsere Lebensziele klarer wurden. Ist dies nicht ein Grund, Gott von ganzem Herzen für die Brüder und Schwestern zu danken, die sich aufgeopfert haben, damit auch wir die Wahrheit erkennen und ihr nachfolgen können? Laßt uns niederknien und für sie beten, daß Gott ihnen Kraft schenke, auch in der Bedrängnis treu zu bleiben. Wir wollen auch beten, daß Gott uns hilft, Ihm so nachzufolgen, wie sie Ihm nachfolgen.«

Alle beugten ihre Knie und heiße Gebete stiegen zu Gott auf, daß Er seine Diener auch weiterhin bewahren und segnen möge.

So verging diese Nacht mit Zeugnissen und Gebeten. Auch an Opa und Oma, die ihren Teil zur Durchführung der Kinderfreizeit beigetragen hatten, wurde viel gedacht und jemand schlug vor, daß einige Ehemaligen der »Waldkirche« sie besuchen sollten.

Ein paar Tage später fuhr eine Gruppe von Jugendlichen zu den beiden alten Leuten. Welch freudige Begrüßung gab es da! Opa und Oma schauten ihre jungen Besucher immer wieder an und staunten, wie die »Kinder« gewachsen waren und sich verändert hatten. Für sie blieben diese jungen Männer und Frauen Kinder, mit denen sie einst eine zwar anstrengende, aber glückliche Zeit verlebt hatten.

Opas Gesundheit war nicht mehr so gut; dennoch versuchte er noch immer, der Gemeinde zu dienen, so gut er konnte. Seine Freude war groß, als er hörte, daß die meisten Teilnehmer der »Waldkirche« im aktiven Gemeindedienst standen!

»Gott sei Dank!« wiederholte er immer wieder und verabschiedete diese »seine Kinder« unter Gebet und Segenswünschen, bevor sie wieder abfuhren.

Opa (re.) in einem Gottesdienst in Rostow.

109

Zwei Brautpaare im Straflager

Der Bericht von der Doppelhochzeit wäre nicht vollständig, wenn wir dich, lieber Leser, in der Traurigkeit über Onkel Pawels Abwesenheit ließen. Es gab aber eine wunderbare Fortsetzung: die beiden Hochzeitspaare beschlossen, ihren Vater — Pawel Rytikow — im Straflager zu besuchen, um seinen Segen für ihre Eheschließung zu empfangen. Eigentlich war ein Besuch im Straflager nur einmal im Jahr möglich und der Zeitpunkt dafür noch nicht gekommen. Dennoch wurde dieses Anliegen im Gebet dem anbefohlen, der das Unmögliche möglich machen konnte.

Von jenem Besuch erzählte Galina Rytikowa, die Mutter von Natascha und Wladimir, folgendes:

Am Dienstag nach der Hochzeit fuhren wir zum Straflager, es lag nicht sehr weit von Woroschilowgrad entfernt. Insgesamt waren wir 13 Personen. Am Lagereingang befanden sich mehrere Frauen, die im Lager arbeiteten. Als sie uns sahen, begannen sie sofort aufgeregt miteinander zu reden.

Ich fragte sie: »Was ist denn los?«

Sie sagten mitleidig: »Ach, wohin wollen diese armen Kinder gehen?«

Ich erwiderte: »Wieso arm? Es sind meine Kinder. Hier im Straflager befindet sich ihr Vater, und sie wollen den väterlichen Segen von ihm haben.«

Sie verwunderten sich sehr: »Ach so! So etwas gibt es bei uns nicht! Wir dachten, daß sich die Bräutigame im Straflager befinden und ihre Freunde die Bräute zur standesamtlichen Trauung hierher begleiten. Deshalb haben wir uns so aufgeregt, denn was kann es aus solchen Ehen Gutes geben!«

Ich erklärte ihnen, daß wir Christen seien und die Kinder gern möchten, daß der Vater über ihnen bete. Die Frauen erwiderten: »Bei uns gibt es das nicht, daß die Kinder in Hochzeitskleidung zum Vater ins Straflager kommen.«

Ich ging mit den vier jungen Leuten zum Lagerleiter. Als er uns sah, wurde er sehr verlegen. Ich stellte mich vor: »Ich bin Rytikowa. Dies sind meine Kinder: ein Sohn und eine Tochter. Sie hatten am gleichen Tag Hochzeit und möchten gern den Vater sehen.«

Die Brautpaare Ljudmila und Wladimir Rytikow (li.) sowie Natascha (geb. Rytikowa) und Wasilij Dmitrijew während ihres Besuches im Straflager.

Nach einigem Hin und Her rief der Lagerleiter endlich den Leiter der Politischen Abteilung. Als jener kam, konnte der Lagerleiter nicht sprechen — er schaute nur verwundert auf die Bräute, dann auf den Politleiter. Ich wandte mich an den Lagerchef: »Erlauben Sie mir, ihm alles zu erklären.« Er nickte mit dem Kopf und so wiederholte ich den Grund unseres Erscheinens.

Der Leiter für Politik sagte: »Ich bin nicht dagegen… nein, ich bin nicht dagegen.«

»Gut,« sagte der Lagerchef, »wir geben ihnen 20 Minuten.«

Ich schrieb schnell alle Angaben zu den 13 Personen in ein Formular und dann führte man uns alle in die Besuchsbaracke.

Inzwischen hatte jemand Pawel benachrichtigt. Als er kam, war er zuerst etwas verwirrt und schaute fast nur die beiden Paare an.

Wladimir sagte: »Papa, wir möchten, daß du uns segnest.«

Sie knieten nieder, zuerst beteten die Jungen, dann betete Pawel über jedem Paar. Die Lagerleitung stand im Korridor und beobachtete die Handlung. Pawel gab den jungen Leuten noch ein kurzes Geleitwort. Danach baten wir die wachhabende Frau: »Dürfen wir ein Lied singen?« Sie erlaubte es und wir sangen das Lied:

Allmählich leert sich das Haus des Christen, / Erwachs'ne Kinder verlassen's bald. / Doch scheint's der Mutter, es war erst gestern, / Als sie umringte die große Schar. / Oft saß sie betend an ihrer Wiege / Und segnete ihren süßen Traum. / Sie nähte, wusch oft für ihre Lieben / Ohn' Murren bis zu dem Morgengrau'n.

Die Zeit enteilte, es gab viel Sorgen, / In stillen Nächten sah sie dann oft / Erwachs'ne Kinder, die nun mit Freuden / Die Arbeit teilten in Haus und Hof. / Doch eins im Herzen sie heiß ersehnte, / Darum sie betete Tag und Nacht: / Daß ihre Kinder Gott nicht ablehnten / Und lernten hoffen und glauben stark.

Allmählich leert sich das Haus des Christen, / Die Töchter, Söhne verlassen es. / Die Mutter wünscht ihnen Glück und Frieden / Und bittet, daß man sie nicht vergißt. / Es wird ganz still sein und ungewöhnlich, / Wo einstens spielte die große Schar. / Doch weiter betet sie unaufhörlich / Für ihre Kinder- und Enkelschar.

Danach fragte ich die Frau: »Dürfen wir noch ein Lied singen?« Sie erlaubte es, und so sangen wir noch einige Lieder.

Mehrere Häftlinge hatten ebenfalls Besuch, sie standen mit ihren Angehörigen im Korridor und hörten aufmerksam zu. Nach einem Lied sagte die Wachhabende: »Es ist eine Bitte aus dem Korridor gekommen, noch einmal das Lied: 'Das Haus wird leer' zu singen.« Wir verstanden, welches Lied sie meinte, und sangen es noch einmal. Nach weiteren Liedern kam erneut die Bitte: »Wiederholt das Lied: 'Allmählich leert sich...'«

Aus den 20 Minuten wurde eine Stunde und wir sangen nicht weniger als 10 Lieder. Dann mußten wir uns verabschieden. Wir baten um Erlaubnis, Pawel Lebensmittel und Blumen zu übergeben, und es wurde uns gewährt. Pawel betete noch mit uns, und dann gingen wir. Wie froh waren wir, solch ein Treffen mit dem Vater zu haben! Wir dankten Gott von ganzem Herzen. Später sagte Pawel: »Der Besuch hat mich sehr ermutigt, und welch ein Zeugnis war es für das ganze Lager! Überall wurde erzählt, daß meine Kinder gekommen waren und ich über ihnen betete. Die Menschen waren sehr verwundert darüber und es entstanden immer wieder sehr gute Gespräche über Gott...«

112